防范化解重大风险丛书

防范化解
党的建设领域重大风险

洪向华　刘钊　杨永斌◎主编

国家行政管理出版社
NATIONAL ADMINISTRATION PRESS
·北京·

图书在版编目（CIP）数据

防范化解党的建设领域重大风险 / 洪向华，刘钊，
杨永斌主编 . --北京：国家行政管理出版社，2020.11（2021.1 重印）
（防范化解重大风险丛书）
ISBN 978-7-5150-2507-0

Ⅰ. ①防… Ⅱ. ①洪… ②刘… ③杨… Ⅲ. ①中国共
产党–党的建设–学习参考资料 Ⅳ. ①D26

中国版本图书馆 CIP 数据核字（2020）第 218095 号

书　　名	防范化解党的建设领域重大风险 FANGFAN HUAJIE DANG DE JIANSHE LINGYU ZHONGDA FENGXIAN
作　　者	洪向华　刘　钊　杨永斌　主编
责任编辑	李瑞琪　王　莹
出版发行	国家行政管理出版社 （北京市海淀区长春桥 6 号　100089）
综 合 办	（010）68928903
发 行 部	（010）68922366　68928870
经　　销	新华书店
印　　刷	北京中科印刷有限公司
版　　次	2020 年 11 月北京第 1 版
印　　次	2021 年 1 月北京第 2 次印刷
开　　本	170 毫米×240 毫米　16 开
印　　张	11
字　　数	146 千字
定　　价	39.00 元

本书如有印装问题，可联系调换，联系电话：（010）68929022

《防范化解重大风险丛书》编委会

我们党作为百年大党，要始终得到人民拥护和支持，书写中华民族千秋伟业，必须始终牢记初心和使命，坚决清除一切弱化党的先进性、损害党的纯洁性的因素，坚决割除一切滋生在党的肌体上的毒瘤，坚决防范一切违背初心和使命、动摇党的根基的危险。

——**习近平**

坚持底线思维，着力防范化解重大风险*

习近平

2019年1月21日

坚持以新时代中国特色社会主义思想为指导，全面贯彻落实党的十九大和十九届二中、三中全会精神，深刻认识和准确把握外部环境的深刻变化和我国改革发展稳定面临的新情况新问题新挑战，坚持底线思维，增强忧患意识，提高防控能力，着力防范化解重大风险，保持经济持续健康发展和社会大局稳定，为决胜全面建成小康社会、夺取新时代中国特色社会主义伟大胜利、实现中华民族伟大复兴的中国梦提供坚强保障。

当前，我国形势总体上是好的，党中央领导坚强有力，全党“四个意识”、“四个自信”、“两个维护”显著增强，意识形态领域态势积极健康向上，经济保持着稳中求进的态势，全国各族人民同心同德、斗志昂扬，社会大局保持稳定。

面对波谲云诡的国际形势、复杂敏感的周边环境、艰巨繁重的改革发展稳定任务，我们必须始终保持高度警惕，既要高度警惕“黑天鹅”事件，也要防范“灰犀牛”事件；既要有防范风险的先手，也要有应对和化解风险挑战的高招；既要打好

---

* 这是习近平在省部级主要领导干部坚持底线思维着力防范化解重大风险专题研讨班开班式上的讲话要点。《习近平谈治国理政》第3卷，外文出版社2020年版，第219页。

防范和抵御风险的有准备之战，也要打好化险为夷、转危为机的战略主动战。

各级党委和政府要坚决贯彻总体国家安全观，落实党中央关于维护政治安全的各项要求，确保我国政治安全。要持续巩固壮大主流舆论强势，加大舆论引导力度，加快建立网络综合治理体系，推进依法治网。要高度重视对青年一代的思想政治工作，完善思想政治工作体系，不断创新思想政治工作内容和形式，教育引导广大青年形成正确的世界观、人生观、价值观，增强中国特色社会主义道路、理论、制度、文化自信，确保青年一代成为社会主义建设者和接班人。

当前我国经济形势总体是好的，但经济发展面临的国际环境和国内条件都在发生深刻而复杂的变化，推进供给侧结构性改革过程中不可避免会遇到一些困难和挑战，经济运行稳中有变、变中有忧，我们既要保持战略定力，推动我国经济发展沿着正确方向前进；又要增强忧患意识，未雨绸缪，精准研判、妥善应对经济领域可能出现的重大风险。各地区各部门要平衡好稳增长和防风险的关系，把握好节奏和力度。要稳妥实施房地产市场平稳健康发展长效机制方案。要加强市场心理分析，做好政策出台对金融市场影响的评估，善于引导预期。要加强市场监测，加强监管协调，及时消除隐患。要切实解决中小微企业融资难融资贵问题，加大援企稳岗力度，落实好就业优先政策。要加大力度妥善处理“僵尸企业”处置中启动难、实施难、人员安置难等问题，加快推动市场出清，释放大量沉淀资源。各地区各部门要采取有效措施，做好稳就业、稳金融、稳外贸、稳外资、稳投资、稳预期工作，保持经济运行在合理区间。

科技领域安全是国家安全的重要组成部分。要加强体系建设和能力建设，完善国家创新体系，解决资源配置重复、科研力量分散、创新主体功能定位不清晰等突出问题，提高创新体系整体效能。要加快补短板，建立自主创新的制度机制优势。要加强重大创新领域战略研判和前瞻部署，抓紧布局国家实验室，重组国家重点实验室体系，建设重大创新基地和创新平台，完善产学研协同创新机制。要强化事关国家安全和经济社会发展全局的重大科技任务的统筹组织，强化国家战略科技力量建设。要加快科技安全预警监测体系建设，围绕人工智能、基因编辑、医疗诊断、自动驾驶、无人机、服务机器人等领域，加快推进相关立法工作。

维护社会大局稳定，要切实落实保安全、护稳定各项措施，下大气力解决好人民群众切身利益问题，全面做好就业、教育、社会保障、医药卫生、食品安全、安全生产、社会治安、住房市场调控等各方面工作，不断增加人民群众获得感、幸福感、安全感。要坚持保障合法权益和打击违法犯罪两手都要硬、都要快。对涉众型经济案件受损群体，要坚持把防范打击犯罪同化解风险、维护稳定统筹起来，做好控赃控人、资产返还、教育疏导等工作。要继续推进扫黑除恶专项斗争，紧盯涉黑涉恶重大案件、黑恶势力经济基础、背后“关系网”、“保护伞”不放，在打防并举、标本兼治上下功夫。要创新完善立体化、信息化社会治安防控体系，保持对刑事犯罪的高压震慑态势，增强人民群众安全感。要推进社会治理现代化，坚持和发展“枫桥经验”，健全平安建设社会协同机制，从源头上提升维护社会稳定能力和水平。

当前，世界大变局加速深刻演变，全球动荡源和风险点增多，我国外部环境复杂严峻。我们要统筹国内国际两个大局、发展安全两件大事，既聚焦重点、又统揽全局，有效防范各类风险连锁联动。要加强海外利益保护，确保海外重大项目和人员机构安全。要完善共建“一带一路”安全保障体系，坚决维护主权、安全、发展利益，为我国改革发展稳定营造良好外部环境。

党的十八大以来，我们以自我革命精神推进全面从严治党，清除了党内存在的严重隐患，成效是显著的，但这并不意味着我们就可以高枕无忧了。党面临的长期执政考验、改革开放考验、市场经济考验、外部环境考验具有长期性和复杂性，党面临的精神懈怠危险、能力不足危险、脱离群众危险、消极腐败危险具有尖锐性和严峻性，这是根据实际情况作出的大判断。全党要增强“四个意识”、坚定“四个自信”、做到“两个维护”，自觉在思想上政治上行动上同党中央保持高度一致，自觉维护党的团结统一，严守党的政治纪律和政治规矩，始终保持同人民的血肉联系。中华民族正处在伟大复兴的关键时期，我们的改革发展正处在克难攻坚、闯关夺隘的重要阶段，迫切需要锐意进取、奋发有为、关键时顶得住的干部。党的十八大以来，我们取得了反腐败斗争压倒性胜利，但反腐败斗争还没有取得彻底胜利。反腐败斗争形势依然严峻复杂，零容忍的决心丝毫不能动摇，打击腐败的力度丝毫不能削减，必须以永远在路上的坚韧和执着，坚决打好反腐败斗争攻坚战、持久战。

防范化解重大风险，是各级党委、政府和领导干部的政治职责，大家要坚持守土有责、守土尽责，把防范化解重大风险工作做实做细做好。要强化风险意识，常观大势、常思大局，科学预见形势发展走势和隐藏其中的风险挑战，做到未雨绸缪。

要提高风险化解能力，透过复杂现象把握本质，抓住要害、找准原因，果断决策，善于引导群众、组织群众，善于整合各方力量、科学排兵布阵，有效予以处理。领导干部要加强理论修养，深入学习马克思主义基本理论，学懂弄通做实新时代中国特色社会主义思想，掌握贯穿其中的辩证唯物主义的世界观和方法论，提高战略思维、历史思维、辩证思维、创新思维、法治思维、底线思维能力，善于从纷繁复杂的矛盾中把握规律，不断积累经验、增长才干。要完善风险防控机制，建立健全风险研判机制、决策风险评估机制、风险防控协同机制、风险防控责任机制，主动加强协调配合，坚持一级抓一级、层层抓落实。

防范化解重大风险，需要有充沛顽强的斗争精神。领导干部要敢于担当、敢于斗争，保持斗争精神、增强斗争本领，年轻干部要到重大斗争中去真刀真枪干。各级领导班子和领导干部要加强斗争历练，增强斗争本领，永葆斗争精神，以“踏平坎坷成大道，斗罢艰险又出发”的顽强意志，应对好每一场重大风险挑战，切实把改革发展稳定各项工作做实做好。

目录

导　论

党的十九大指出，增强驾驭风险本领，健全各方面风险防控机制，善于处理各种复杂矛盾，勇于战胜前进道路上的各种艰难险阻，牢牢把握工作主动权。2019 年 1 月 21 日，习近平总书记在省部级主要领导干部坚持底线思维着力防范化解重大风险专题研讨班开班式上就防范化解重大风险作出深刻分析、提出明确要求。2019 年 10 月，党的十九届四中全会再次强调了各级领导干部要增强驾驭风险本领。这说明增强驾驭风险本领是对领导干部提出的一项重要要求。那么，驾驭风险，驾驭什么风险呢？习近平总书记对政治、意识形态、经济、科技、社会、外部环境、党的建设七个领域的风险作出深刻分析，提出明确要求。其中，党的建设是一个重要的风险领域，为此，我们要着力提高领导干部驾驭党建风险的能力，健全党建风险防控机制，不断提高党的执政能力和领导水平，才能为党和国家事业取得历史性成就、发生历史性变革提供坚强政治保证。

一、提高驾驭党建风险的能力是领导干部承担政治责任的必然要求

（一）领导干部提高驾驭党建风险的能力是政治要求

领导干部是党的干部，是政治干部，具有鲜明的政治性。领导干

部在其工作岗位上干事创业是完成党和人民交给的任务。领导干部除了做好本职工作以外，抓好党建工作也是其职责所在。习近平总书记指出："各级各部门党委（党组）必须树立正确政绩观，坚持从巩固党的执政地位的大局看问题，把抓好党建作为最大的政绩。如果我们党弱了、散了、垮了，其他政绩又有什么意义呢？各级党委要把从严治党责任承担好、落实好，坚持党建工作和中心工作一起谋划、一起部署、一起考核，把每条战线、每个领域、每个环节的党建工作抓具体、抓深入，坚决防止'一手硬、一手软'。"[①] 从习近平总书记的论述可以看出，抓好党建工作是各级领导干部义不容辞的政治责任。习近平总书记指出，党面临的长期执政考验、改革开放考验、市场经济考验、外部环境考验具有长期性和复杂性，党面临的精神懈怠危险、能力不足危险、脱离群众危险、消极腐败危险具有尖锐性和严峻性，这是根据实际情况作出的重大判断。面对党的建设中存在的这些风险，各级领导干部应该努力提高驾驭党建风险的能力，这也是其承担政治责任的必然要求。

（二）领导干部提高驾驭党建风险的能力是职责要求

中共中央、国务院于 2010 年 11 月颁布的修订后的《关于实行党风廉政建设责任制的规定》中指出：领导班子对职责范围内的党风廉政建设负全面领导责任。领导班子主要负责人是职责范围内的党风廉政建设第一责任人，领导班子其他成员根据工作分工，对职责范围内的党风廉政建设负主要领导责任。习近平总书记强调："各级党委（党组）特别是书记要强化政治担当、履行主体责任，把每条战线、每个领域、每个环节的党建工作抓具体、抓深入。"[②] 在实际工作中，领导

---

① 中共中央文献研究室编：《十八大以来重要文献选编》（中），中央文献出版社 2016 年版，第 94 页。

② 《取得全面从严治党更大战略性成果　巩固发展反腐败斗争压倒性胜利》，《人民日报》2019 年 1 月 12 日。

干部的工作都是“一岗双责”。这就是领导干部既要抓好分管的业务工作，又要以同等的注意力抓好分管部门的党风廉政建设，把反腐倡廉、案件防范工作与业务工作同研究、同规划、同布置、同检查、同考核、同问责，真正做到“两手抓、两手硬”，使党风廉政建设和反腐败工作始终保持应有的力度。领导干部要强化党建的主业意识，牢固树立不管党治党就是严重失职的观念，把抓好党建作为最大的政绩；切实明确管党治党责任，把全面从严治党当作分内之事、应尽之责，真正把担子担起来，种好自己的“责任田”。要在思想认识、责任担当、方法措施上贯彻全面从严治党要求，对党的建设担负起主体责任；健全党建工作责任制，以上率下，层层传导压力，级级落实责任，确保责任落到实处，确保工作取得实效。

二、建立健全、完善党建风险防控、研判、决策风险评估、防控协同、防控责任五大机制

党的十九大提出了党的建设“5＋2”的总体布局，这就是全面推进党的政治建设、思想建设、组织建设、作风建设、纪律建设，把制度建设贯穿其中，深入推进反腐败斗争。这些领域都有风险的存在。我们要建立健全、完善党建风险防控、研判、决策风险评估、防控协同、防控责任机制，消弭党建风险点，使我们党始终成为中国特色社会主义事业的坚强领导核心。

（一）建立健全、完善党建风险防控机制

领导干部要驾驭党建风险，防控党建风险是第一道关口。防控党建风险必须进行教育培训，通过教育使领导干部增强风险意识，自觉防控风险。进行党的基本理论的教育培训，重点学习习近平新时代中国特色社会主义思想，不断提高理论水平。加强理想信念教育，筑牢

理想信念之基。加强党章党规党纪的学习培训，引导干部知敬畏、存戒惧、守底线。加强党的宗旨和作风教育，始终保持党同人民群众的血肉联系。加强法律法规制度建设，把权力关进制度的笼子里，让权力在阳光下运行。强化权力运行制约和监督，确保权力正确行使。优化政府职责体系，深化“放管服”改革，优化营商环境，不断消除滋生腐败的体制弊端。

（二）建立健全、完善党建风险研判机制

党建风险研判必须能收集到党建风险的信息，这是进行研判的基础。没有信息，何来研判？要建立党建风险信息收集制度，从传统媒体、新兴媒体、实际发生的大事小情中及时、全面、充分了解相关的信息。对于收集的党建风险信息要进行真伪判别。要研判风险的类别：弄清楚哪些是党的政治建设领域的风险，哪些是思想建设的风险，哪些是组织建设的风险，哪些是作风建设的风险，哪些是纪律建设的风险，哪些是制度建设的风险，哪些是腐败的风险；要研判风险的性质：弄清楚哪些是结构性风险，哪些是功能性风险，哪些是运行性风险，哪些是主体性风险。要研判党建风险的严重性和级别，为采取相应措施做好准备。要研判产生的党建风险的原因，追根溯源，深度挖掘。要对党建风险的发展趋向和演变态势进行分析和预测，为后续党建风险的评估、预警、控制和反馈提供有力依据。

（三）建立健全、完善党建决策风险评估机制

对党的建设工作作出决策的过程中也会产生一定的风险。比如，我们党全面从严治党，也有人对这个重点决策评头论足，说三道四。对于党建决策风险要进行评估，评估的内容主要包括：决策是否有依据，是否合理，是否可行，是否可控。要充分听取意见，全面分析论证，查找风险点。根据分析论证的情况，确定风险的等级。要写出风

险评估报告为决策提供重要参考依据。

（四）建立健全、完善党建风险防控协同机制

要整合资源，把和党建风险直接相关的部门和间接相关部门之间的协同联动机制建立起来，分享信息，协调行动，使防范党建风险形成整体合力。要堵塞防范漏洞，针对可能发生的党建领域的突发案（事）件，应该制定完善应急预案和行动方案，确保一旦发生突发案（事）件能够快速有效处置。

（五）建立健全、完善党建风险防控责任机制

党建风险防控不仅仅是党的部门的事，应该实施党政同责，一岗双责。把党建风险防控责任纳入党政领导干部考核评价指标体系，将考核评价结果作为对领导班子和领导干部考核评价的重要内容。坚持采用评估、督导、考核、激励、惩戒等措施，形成正确的激励导向，推进党建风险防控工作落到实处。对存在党建风险比较突出的党委和党组要通过定期通报、约谈、挂牌督办等方式，引导其分析发生党建风险的主要原因，找准症结，研究提出解决问题的措施，限期进行整改。对因重视不够、防范党建风险措施不落实的党委和党组实行党建一票否决权制，并追究有关主要负责同志的责任。

三、永葆斗争精神，增强同党建风险进行斗争的本领

习近平总书记强调指出，防范化解重大风险，需要有充沛顽强的斗争精神。领导干部要敢于担当、敢于斗争，保持斗争精神、增强斗争本领，年轻干部要到重大斗争中去真刀真枪干。各级领导班子和领导干部要加强斗争历练，增强斗争本领，永葆斗争精神，以“踏平坎坷成大道，斗罢艰险又出发”的顽强意志，应对好每一场重大风险挑

战，切实把改革发展稳定各项工作做实做好。[①] 按照习近平总书记对于做好防范化解党建风险工作的要求，我们必须永葆斗争精神，增强同党建风险进行斗争的本领。

（一）永葆斗争精神，必须有顽强的斗志，敢于斗争

要有路见不平一声吼的劲头，遇到潜在的党建风险或者已显现的党建风险不能怕得罪人，应该勇敢站出来去斗争。当前对于党建风险的认识和处理存在这样一些怪现象。一是一些地方和部门自由主义、分散主义、好人主义、个人主义盛行，以至于一些人看不到党建风险，不知道党建风险为何物。二是有些地方和部门看到了党建风险，遇到了党建风险，但不是迎面而上地解决问题，而是绕着问题走，不敢较真碰硬，使党章党规党纪成了“纸老虎”“稻草人”“牛皮筋”，发挥不了党规党纪的预防和惩治作用。三是对于不得不处理的党建问题，监督执纪不能从严，处理起来是雷声大，雨点小。有的板子高高抬起、轻轻落下，最后搞成“下不为例”；有的追责问责用“两把尺子”，搞“双重标准”，亲疏有别、厚此薄彼，要么随便上纲上线，要么搞象征性处理。这些都从根本上削弱了纪律的严肃性和权威性。切实开展批评和自我批评，勇于揭露和纠正违反党的原则的言行和工作中的缺点、错误，坚决同消极腐败现象作斗争，这是党员的一项重要义务。领导干部要增强角色意识和政治担当，在党言党、在党忧党、在党为党，把爱党、忧党、兴党、护党落实到工作生活各个环节，敢于同形形色色违反党内政治生活原则和制度的现象作斗争。

（二）增强同党建风险进行斗争的本领就要把握斗争的方向

习近平总书记指出，共产党人的斗争是有方向、有立场、有原则

---

① 参见《提高防控能力着力防范化解重大风险　保持经济持续健康发展社会大局稳定》，《人民日报》2019 年 1 月 22 日。

的，大方向就是坚持中国共产党领导和我国社会主义制度不动摇。具体到党的建设领域来说，我们要针对以下七个方面的行为和问题进行斗争。一是党的领导弱化，“四个意识”不强，“两个维护”不力，党的基本理论、基本路线、基本方略没有得到有效贯彻执行，在贯彻新发展理念，推进经济建设、政治建设、文化建设、社会建设、生态文明建设中，出现重大偏差和失误，给党的事业和人民利益造成严重损失，产生恶劣影响的。二是党的政治建设抓得不实，在重大原则问题上未能同党中央保持一致，贯彻落实党的路线方针政策和执行党中央重大决策部署不力，不遵守重大事项请示报告制度，有令不行、有禁不止，阳奉阴违、欺上瞒下，团团伙伙、拉帮结派问题突出，党内政治生活不严肃不健康，党的政治建设工作责任制落实不到位，造成严重后果或者恶劣影响的。三是党的思想建设缺失，党性教育特别是理想信念宗旨教育流于形式，意识形态工作责任制落实不到位，造成严重后果或者恶劣影响的。四是党的组织建设薄弱，党建工作责任制不落实，严重违反民主集中制原则，不执行领导班子议事决策规则，民主生活会、“三会一课”等党的组织生活制度不执行，领导干部报告个人有关事项制度执行不力，党组织软弱涣散，违规选拔任用干部等问题突出，造成恶劣影响的。五是党的作风建设松懈，落实中央八项规定及其实施细则精神不力，“四风”问题得不到有效整治，形式主义、官僚主义问题突出，执行党中央决策部署表态多调门高、行动少落实差，脱离实际、脱离群众，拖沓敷衍、推诿扯皮，造成严重后果的。六是党的纪律建设抓得不严，维护党的政治纪律、组织纪律、廉洁纪律、群众纪律、工作纪律、生活纪律不力，导致违规违纪行为多发，造成恶劣影响的。七是推进党风廉政建设和反腐败斗争不坚决、不扎实，削减存量、遏制增量不力，特别是对不收敛、不收手，问题线索反映集中、群众反映强烈，政治问题和经济问题交织的腐败案件放任不管，造成恶劣影响的。这七个方面的问题就是党建领域存在的风险，应该高度重视，坚决进行斗争。

（三）将斗争的经验制度化，转化为防范化解党建风险的效能

党的十八大以来，以习近平同志为核心的党中央，领导全党全国各族人民进行了许多具有新的历史特点的伟大斗争，推进新时代中国特色社会主义在发展上取得新的重大成就。这里指的许多伟大斗争，当然也包括防范化解党建风险所进行的伟大斗争。比如说，党的十八大以来，我们开展了三次集中教育实践活动，分别聚焦党的建设中存在的突出问题，取得了很好的效果。在全党开展以为民务实清廉为主要内容的党的群众路线教育实践活动，防范化解了脱离群众的风险，使党在群众中的威信和形象进一步树立，党心民心进一步凝聚，形成了推动改革发展的强大正能量。在县处级以上领导干部中开展“三严三实”专题教育，深化了“四风”整治，巩固和拓展了党的群众路线教育实践活动成果，党员干部守纪律讲规矩，进一步营造了良好的政治生态环境；广大党员干部真抓实干，推动改革发展稳定取得了实效。在全体党员中开展“两学一做”学习教育，使广大党员干部受到深刻的思想政治教育，“四个意识”显著增强。党内政治生活更加严格规范，锤炼党性的“熔炉”作用进一步彰显。基层党建突出问题得到有效解决，整体工作水平有了新的提升。鲜明确立合格党员标准，展现了新时期党员干部的良好风貌。党的十九大以来，开展“不忘初心、牢记使命”主题教育，使广大党员干部在学习贯彻习近平新时代中国特色社会主义思想上取得新成效，提高了真信笃行、知行合一的能力，增强了守初心、担使命的思想自觉和行动自觉，干事创业、担当作为的精气神得到提振，推动了改革发展稳定各项工作，群众最急最忧最盼的一些问题得到有效解决，找差距、抓落实和突出问题专项整治成效明显。

通过集中性教育和经常性教育相结合，强化了党的理论学习、教

育、武装工作，解决了党建领域的突出问题，防范化解了党建风险，党的执政基础更加巩固，党的执政能力和领导水平进一步提高。要把我们在工作中累积的这些经验制度化，要使群众路线教育实践活动永不落幕，使“三严三实”经常化、推进“两学一做”常态化、制度化，建立不忘初心、牢记使命制度，坚持不懈锤炼党员干部忠诚干净担当的政治品格。全面贯彻党的基本理论、基本路线、基本方略，持续推进党的理论创新、实践创新、制度创新，使一切工作顺应时代潮流、符合发展规律、体现人民愿望，确保党始终走在时代前列、得到人民衷心拥护。

第一章　党的十八大以来全面从严治党的理论与实践

从严治党是中国共产党的光荣传统和独特优势，是党的事业不断取得胜利的根本保证。从严治党贯穿于中国共产党领导的革命、建设和改革开放的各个历史时期。党的十八大以来，以习近平同志为核心的党中央直面世情党情国情的深刻变化，在继承和发展马克思主义党建学说的基础上，深入推进党的建设理论创新、实践创新、制度创新、文化创新，孕育形成了全面从严治党理论。全面从严治党，是党的建设这项新的伟大工程在理论、实践上的新飞跃，是习近平新时代中国特色社会主义思想的重要组成部分。

一、全面从严治党是中国共产党的传统和优势

党要管党、从严治党，是党的建设的一贯要求和根本方针。中国共产党成立近百年来，作为一个政治坚定、组织严密、有铁的纪律的马克思主义政党，无论是在血雨腥风的革命战争年代，还是在社会主义建设和改革开放的历史进程中，都始终重视党的自身建设，重视从严治党。

（一）革命战争时期：奠定从严治党的厚重根基

中国共产党一成立，就面临着如何加强自身建设的重大问题。在

工人阶级占少数、农民和其他小资产阶级占人口绝大多数的中国，如何建设一支工人阶级先锋队的政党，是以毛泽东同志为代表的党的早期领导人必须解决的首要问题。在整个革命战争时期，中国共产党从一个只有50多人的小党，历经磨难，筚路蓝缕，九死一生，探索出一条中国特色的革命道路，最终领导中国革命取得成功，实现了民族独立的奋斗目标，这都与从严治党密不可分。

毛泽东把中国革命取得成功的重要经验概括为"三大法宝"，即统一战线、武装斗争和党的建设。1939年10月，毛泽东在撰写的《〈共产党人〉发刊词》中指出："统一战线问题，武装斗争问题，党的建设问题，是我们党在中国革命中的三个基本问题。正确地理解了这三个问题及其相互关系，就等于正确地领导了全部中国革命。""统一战线，武装斗争，党的建设，是中国共产党在中国革命中战胜敌人的三个法宝，三个主要的法宝。"① "三个法宝"的核心是党的建设。中国人民之所以能够战胜强大的敌人，推翻帝国主义、封建主义和官僚资本主义的反动统治，赢得革命的胜利，基本是依靠了统一战线和武装斗争这两个武器，"而党的组织，则是掌握统一战线和武装斗争这两个武器以实行对敌冲锋陷阵的英勇战士"。由此可见，战士在战争中是最为关键的要素，中国革命之所以取得成功，最为关键的在于英勇的战士。英勇的战士离不开共产党的正确而坚强的领导。加强党的建设是确保党实现正确而坚强领导的重要保障。革命战争年代党的建设的成功经验为从严治党奠定了厚重根基。

1. 加强思想建设，重视思想建党

始终把思想理论建设放在首位，是毛泽东党建思想的核心内容，也是中国共产党自身建设的突出特点。指导伟大的革命离不开伟大的党。党的建设首先要解决思想问题，才能成功指导中国革命。毛泽东

① 《毛泽东选集》第2卷，人民出版社1991年版，第605、606页。

十分强调要从思想上解决入党的问题。在《在延安文艺座谈会上的讲话》中，他一针见血地指出："有许多党员，在组织上入了党，思想上并没有完全入党，甚至完全没有入党。"① 针对在思想上没有入党的情况，毛泽东认为，要展开一个无产阶级对非无产阶级的思想斗争，对那些非无产阶级的人开展理想信念和科学理论的灌输学习，以达到思想改造的目的。

2. 加强组织建设，发挥战斗堡垒作用

把党的基层组织作为党的全部工作和战斗力的基础，这是我们党的显著特色和独特优势。党组织是由千千万万党员干部组成的。党员干部队伍质量对于确保党的战斗力发挥着十分重要的作用。

首先，严格入党标准。1929 年，在古田会议上，毛泽东提出了新的入党标准：政治观念没有错误（包括阶级觉悟）；忠诚；有牺牲精神；能积极工作；没有发洋财观念；不吃鸦片、不赌博。通过制定严格的入党标准，降低了异己分子混入党内的可能性，从源头上确保了党员质量，保证了党的纯洁性。

其次，严格选拔领导干部。政治路线确定之后，干部是决定因素。毛泽东认为，干部问题是一个有决定作用的问题。1938 年，在中国共产党第六届中央委员会扩大的第六次全体会议上，他指出："中国共产党是在一个几万万人的大民族中领导伟大革命斗争的党，没有多数才德兼备的领导干部，是不能完成其历史任务的。"他把有计划地培养大批的新干部，作为党的"战斗任务"。他强调，共产党的干部政策，应以能否坚决地执行党的路线、服从党的纪律、和群众有密切的联系、有独立的工作能力、积极肯干、不谋私利为标准。他反复讲，要在实践中锻炼和考验干部，要善于识别和使用干部，要关心和爱护干部，要教育和培养干部，要正确对待犯错误的干部。正是坚持和贯彻了正

① 《毛泽东选集》第 3 卷，人民出版社 1991 年版，第 875 页。

确的干部路线和干部标准，我们党培养和造就了一批又一批德才兼备的优秀干部，保证了党的政治路线和政治任务的实现。

3. 重视党的纪律建设，巩固党的团结统一

以严明的纪律规范党的各级组织和全体党员的行为，从而保证党的团结一致，是马克思主义政党的优良传统。加强纪律性，革命无不胜。1921 年 7 月，中国共产党的第一次全国代表大会召开。在党的一大上没有制定党章，但通过了党的纲领，文件名称叫作《中国共产党第一个纲领》(以下简称《纲领》)。党的一大通过的《纲领》具备了党章的初步体例和内容，实际上发挥着党章的作用。《纲领》共 15 条，900 多字，虽无纪律专章，但有 10 条涉及组织纪律和财经纪律等基础性要求。《纲领》规定了党员要服从地方执行委员会的监督、地方委员会要服从于中央委员会的监督。这一体现从严治党的严格的组织纪律，为党的民主集中制原则奠定了基础。

1922 年 7 月 16 日至 23 日，中国共产党第二次全国代表大会召开。党的二大制定通过了真正意义上的第一部党章《中国共产党章程》。这部党章专设一章，用 9 条内容对党的纪律作出了规定，指出：下级机关须完全执行上级机关之命令；本党一切会议均取决多数，少数绝对服从多数。同时，严格规定了党员个人的行为，提出了对违反六个方面规定的党员必须开除出党的明确要求。党的二大制定的一个指导党的建设的重要文件——《关于共产党的组织章程决议案》中明确指出：凡一个革命的党，若是缺少严密的集权的有纪律的组织与训练，那就只有革命的愿望便不能够有力量去做革命的运动。

严格执行纪律，是增强党的战斗力、凝聚力的重要保证。毛泽东在党的六届六中全会的报告中指出，必须对党员进行有关党的纪律的教育，既使一般党员能遵守纪律，又使一般党员能监督党的领袖人物也一起遵守纪律。针对张国焘严重破坏党的纪律行为，党的六届六中全会通过了《关于中央委员会工作规则与纪律的决定》和《关于各级党部工作规则与纪律的决定》等一系列关于党内政治纪律的规定，强调要把纪律教育作为“党的建设的一课”。毛泽东在这次会议上提出了“纪律是执行路线的保证”这一科学论断，并明确要求全体党员要做到“个人服从组织、少数服从多数、下级服从上级、全党服从中央”。

4. 加强作风建设，厚植党的阶级基础

党的作风就是党的形象。作风建设关系人心向背，关系党的生死存亡。中国共产党在长期的革命实践过程中，逐渐形成了理论和实践相结合的作风，和人民群众紧密地联系在一起的作风以及批评和自我批评的作风。

理论和实践相结合的作风。纵观新民主主义革命时期，我们党是在同党内主观主义、教条主义、经验主义斗争的过程中成长起来的，党的发展壮大本身就是理论和实践相结合的结果。1941 年至 1944 年，我们党开展了整风运动，以根除主观主义、教条主义等不良风气的影响。1942 年，在中央学习组会议上，毛泽东指出：“现在中央已经下了决心反对主观主义，反对宗派主义，反对党八股，要把我们的学风、党风、文风改变，扩大正风，缩小和消灭歪风。”① 通过整风，一切从实际出发、理论联系实际的优良作风在全党逐渐形成，党的凝聚力、战斗力得到大大增强。

和人民群众紧密地联系在一起的作风。人民群众是历史的创造者，是党的力量的源泉。毛泽东指出：“我们共产党人区别于其他任何政党的又一个显著的标志，就是和最广大的人民群众取得最密切的联系。全心全意地为人民服务，一刻也不脱离群众；一切从人民的利益出发，而不是从个人或小集团的利益出发；向人民负责和向党的领导机关负责的一致性；这些就是我们的出发点。”② 在整风运动中，从领导班子整风计划的制定，到每一个阶段运动的部署，都贯彻了群众路线。全

① 《毛泽东文集》第 2 卷，人民出版社 1993 年版，第 413 页。
② 《毛泽东选集》第 3 卷，人民出版社 1991 年版，第 1094 页。

党上下结合，深入群众进行蹲点调查研究，总结出一套紧密联系群众的工作方法。毛泽东进行了全面系统总结，提出了“一般和个别相结合”“领导和群众相结合”“从群众中来，到群众中去”的著名论断。

批评和自我批评的作风。批评与自我批评的作风是我们党在长期的革命斗争中形成的，是统一思想、团结同志的有效方法。毛泽东指出：“党内批评是坚强党的组织、增加党的战斗力的武器。”① 开展批评和自我批评是解决党内矛盾、增进党内团结的根本途径，是坚持真理、修正错误的基本方法，是加强党内监督、保持党肌体健康的有力武器。他还认为：“有无认真的自我批评，也是我们和其他政党互相区别的显著的标志之一。”②

（二）社会主义建设时期：开启从严治党的新探索

新中国成立后，中国共产党由领导革命的党转变为领导建设的党。党的历史方位、工作任务和环境变化都要求党必须更加重视自身建设，开启在社会主义建设时期从严治党的新探索。1949 年 11 月，中华人民共和国成立的第二个月，中共中央就作出了《关于成立中央及各级党的纪律检查委员会的决定》，成立了以朱德为书记的中央纪律检查委员会，主要职责就是负责对党员干部进行监督检查和对违纪党员进行处理。为了克服党政机关中存在的官僚主义、居功自傲情绪和“革命到头”思想，1950 年 5 月 1 日，中共中央作出《关于在全党全军开展整风运动的指示》，开始在全党范围内进行了大规模整风。紧接着，从 1951 年开始，由整风转入整党。1951 年 3 月 28 日至 4 月 9 日，中国共产党第一次全国组织工作会议在北京召开，通过了《关于整顿党的基层组织的决议》和《关于发展新党员的决议》，对整党、建党工作作了具体部署。整党期间，在全国范围

① 《毛泽东选集》第 1 卷，人民出版社 1991 年版，第 90 页。
② 《毛泽东选集》第 3 卷，人民出版社 1991 年版，第 1096 页。

内的党政机关工作人员中开展了“反贪污、反浪费、反官僚主义”的“三反”运动，严厉惩处了刘青山、张子善等腐败分子，显示了从严治党的坚强决心，对于肃清党内负面问题、保持党的纯洁性发挥了积极作用。

为适应新形势新变化，1956 年 9 月召开的党的第八次全国代表大会通过了新的党章，对民主集中制、群众路线、党内外监督和集体领导等方面都作出了严格的规定，对从严治党提出了新要求。党的八大通过的新党章在总纲中特别强调了纪律的重要性：党是以一切党员都要遵守的纪律联结起来的统一的战斗组织；没有纪律，党决不能领导国家和人民战胜强大的敌人而实现社会主义和共产主义。同时，党章还对党的纪律规定提出了新的具体要求：党和党员要经常用批评与自我批评揭露和消除自己的缺点，还要鼓励党内自下而上的批评和人民群众对党的批评；适应执政新形势，提出必须防止和抵制资产阶级、小资产阶级思想作风的侵蚀；对犯不同错误的党员要区别对待；重新设立党的监察委员会，并对其职权、组织形式和领导方式进行了详细规定。党的八大通过的新党章对党的纪律重要性的认识已经上升到是否能够实现党的历史使命的新高度。1957 年反右斗争扩大化后，党的集体领导和民主集中制的原则遭到严重破坏，党的建设面临严重困难，终致“文化大革命”的爆发，党和国家的各级组织都受到了严重的冲击，广大党员被剥夺了应有的权利，基本上停止了组织生活，党内纪律遭到肆意践踏。

社会主义建设发生严重挫折，根本原因在于党的建设出现了严重问题，党的民主集中制原则没有得到很好的执行，从严治党无法有效落实。因此，总结社会主义建设时期的惨痛教训，让我们进一步深刻认识到党的建设、从严治党是确保党的领导核心作用的发挥、推进党的事业发展的根本性保障。

（三）改革开放时期：推进从严治党持续深入开展

1978 年 12 月，党的十一届三中全会召开，标志着我们进入改革开放的新时期。从党的十一届三中全会至党的十八大，我们党在深刻总结反思十年“文化大革命”造成的党内政治混乱的原因和后果的基础上，系统恢复重建党内政治生活，推进从严治党持续深入开展。

1980 年 2 月，党的十一届五中全会通过了《关于党内政治生活的若干准则》，提出了规范开展党内政治生活的 12 条准则，对于恢复重建党内政治生态提供了重要的制度支撑。1983 年 10 月，党的十二届二中全会审议通过了《中共中央关于整党的决定》，开启了历时三年半的覆盖全国的整党活动。在整党活动中，1985 年 11 月 24 日，中共中央整党工作指导委员会发出了《关于农村整党工作部署的通知》，特别指出，要从严治党，坚决反对那种讲面子不讲真理，讲人情不讲原则，讲派性不惜牺牲党性的腐朽作风。这是在党的正式文件中首次明确提出“从严治党”的概念。但由于发布机构和文件的层次、影响有限，这一概念并未在党内引起广泛关注。

1987 年 10 月，党的十三大召开。党的十三大报告中两次提到“从严治党”。其一，“但经验表明，仅仅靠教育不能完全解决问题，必须从严治党，严肃执行党的纪律”。其二，“从严治党，除了必须把少数腐败分子开除出党之外，还必须着眼于对绝大多数党员经常地进行教育，提高他们的素质”。同样，在党的十三大上，中央顾问委员会所做报告中也特别指出，改革、开放的新形势新环境更加要求坚持从严治党的原则。中央纪律检查委员会所做的报告中，也多次使用“从严治党”。此后，“从严治党”这一概念术语被广泛使用，历届党代会报告都强调必须坚持从严治党的要求。

党的十一届三中全会以来，邓小平在总结历史经验和教训的基础上，高度重视从制度层面推进从严治党。邓小平指出：“我们过去发生的各种错误，固然与某些领导人的思想、作风有关，但是组织制度、工作制度方面的问题更重要。这些方面的制度好可以使坏人无法任意横行，制度不好可以使好人无法充分做好事，甚至会走向反面。……不是说个人没有责任，而是说领导制度、组织制度问题更带有根本性、全局性、稳定性和长期性。这种制度问题，关系到党和国家是否改变颜色，必须引起全党的高度重视。”① 邓小平不仅重视制度建设，而且突出强调要确保制度的执行力。他还指出：“谁也不能违反党章党纪，不管谁违反，都要受到纪律处分，也不许任何人干扰党纪的执行，不许任何违反党纪的人逍遥于纪律制裁之外。”② 20世纪八九十年代，反思“六四”政治风波和东欧剧变、苏共垮台、苏联解体等历史事件的教训，邓小平向全党提出了加强党的建设、从严治党的重要政治交代。1989年6月16日，邓小平在同中央几位负责同志谈话时强调：“常委会的同志要聚精会神地抓党的建设，这个党该抓了，不抓不行了。”③ 在1992年南方谈话中他又警醒全党：“中国要出问题，还是出在共产党内部。”“说到底，关键是我们共产党内部要搞好，不出事，就可以放心睡大觉。”④ 这些警示之言，充分反映了邓小平对党要管党、从严治党的高度重视。

随着改革开放的深入推进，面临如何提高党的领导水平和执政水平、如何提高拒腐防变和抵御风险的能力两大历史性课题，以江泽民同志为核心的党中央突出强调要坚持党要管党、从严治党，并通过修订党章、完善党纪党规、查处大案要案、纠正不正之风，着力推进从严治党。

1992年10月，江泽民在党的十四大报告中强调指出，我们一定要结合新的实际，遵循党的基本路线，坚持党要管党和从严治党，加

---

① 《邓小平文选》第2卷，人民出版社1994年版，第333页。
② 《邓小平文选》第2卷，人民出版社1994年版，第332页。
③ 《邓小平文选》第3卷，人民出版社1993年版，第314页。
④ 《邓小平文选》第3卷，人民出版社1993年版，第380、381页。

强和改进党的建设，努力提高党的执政水平和领导水平。这是在我们党的历史上，首次将“党要管党”与“从严治党”放在一起强调。党的十四大修订的党章，首次将“从严治党”写入了党章总纲之中，意味着从严治党不再仅仅停留在管党治党的战略性举措层面，而是进一步上升为党内根本大法的最高层次。2000 年 1 月 14 日，在党的十五届中纪委四次全会上，江泽民在深刻分析影响和妨碍从严治党的因素的基础上，强调指出，落实从严治党的方针，不是一时一事的要求，必须全面贯穿于党的思想、政治、组织、作风、纪律和制度建设的各方面工作，切实体现到对各级党组织和广大党员、干部进行教育、管理、监督等各个环节中去。

2002 年 11 月，江泽民在党的十六大报告强调指出，一定要坚持党要管党、从严治党的方针，进一步解决提高党的领导水平和执政水平、提高拒腐防变和抵御风险能力这两大历史性课题。这是首次将党要管党与从严治党并行起来、共同作为治党管党的根本方针。体现在党章层面的治党管党基本方针，也从十四大党章中的“从严治党”，发展成为“党要管党、从严治党”。

进入 21 世纪以来，以胡锦涛同志为总书记的党中央，坚持以改革创新精神全面推进党的建设新的伟大工程，大力加强党的执政能力和先进性建设，着力提高党的建设科学化水平，党的思想、组织、作风、反腐倡廉和制度建设取得重大进展，为全面建设小康社会、开创中国特色社会主义事业新局面提供了坚强保证。

2003 年 2 月，在党的十六届二中全会上，胡锦涛强调，以加强党的执政能力建设为重点，从思想上、组织上、作风上、制度上全面推进党的建设新的伟大工程。2004 年 9 月，党的十六届四中全会审议通过的《中共中央关于加强党的执政能力建设的决定》明确指出：“提高党的执政能力，关键在于搞好党的建设，不断增强党的创造力、凝聚力、战斗力。必须坚持党要管党、从严治党的方针，紧密联系治国理政的实践，全面加强和改进党的思想、组织、作风和制度建设。”2005年1月，在《在新时期保持共产党员先进性专题报告会上的讲话》中，胡锦涛首次提出“保持马克思主义政党的先进性，历来是马克思主义建党理论中的一个带根本性的重大课题”。

2007年10月，在党的十七大报告中，胡锦涛明确提出了“一条主线，五个重点”的党的建设格局。一条主线，即必须把党的执政能力建设和先进性建设作为主线，全面推进党的建设新的伟大工程。五个重点，即：以坚定理想信念为重点加强思想建设，以造就高素质党员、干部队伍为重点加强组织建设，以保持党同人民群众的血肉联系为重点加强作风建设，以健全民主集中制为重点加强制度建设，以完善惩治和预防腐败体系为重点加强反腐倡廉建设。党的十七大报告进一步将党要管党、从严治党作为党的建设总体布局中的一个基本性原则要求加以强调。

2009年9月，党的十七届四中全会审议通过的《中共中央关于加强和改进新形势下党的建设若干重大问题的决定》指出：“世情、国情、党情的深刻变化对党的建设提出了新的要求，党面临的执政考验、改革开放考验、市场经济考验、外部环境考验是长期的、复杂的、严峻的，落实党要管党、从严治党的任务比过去任何时候都更为繁重和紧迫。”党的十七届四中全会将“坚持党要管党、从严治党，提高管党治党水平”作为我们党执政60年所总结形成的加强执政党建设的重要经验之一。2012年11月，在党的十八大报告中，胡锦涛进一步强调指出，新形势下，党面临的执政考验、改革开放考验、市场经济考验、外部环境考验是长期的、复杂的、严峻的，精神懈怠危险、能力不足危险、脱离群众危险、消极腐败危险更加尖锐地摆在全党面前。

二、党的十八大以来全面从严治党的理论创新

党的十八大以来，以习近平同志为核心的党中央高举中国特色社

会主义伟大旗帜，面对世情、党情、国情的深刻变化，继承和发展从严治党的优良传统和优势，以求真务实的工作作风，应对挑战，把从严治党提升为全面从严治党，并将全面从严治党作为“四个全面”战略布局的一个重要方面，开拓了党的建设、从严治党的新境界。

2012 年 11 月 15 日，在十八届中央政治局常委与中外记者见面时，习近平总书记强调，我们的责任就是同全党同志一道，坚持党要管党、从严治党，切实解决自身存在的突出问题，切实改进工作作风，密切联系群众，使我们党始终成为中国特色社会主义事业的坚强领导核心。这是中国共产党对全面从严治党的庄严宣示，也是对全国人民的郑重承诺，更是开启中国特色社会主义伟大事业新征程的前进号角。

2014 年 12 月 14 日，习近平总书记在江苏考察时提出，全面从严治党是推进党的建设新的伟大工程的必然要求。这是首次提出“全面从严治党”这一概念。2015 年 1 月 23 日，习近平总书记在十八届中央政治局第二十次集体学习时指出，党的十八大以来，我们提出要协调推进全面建成小康社会、全面深化改革、全面依法治国、全面从严治党，这“四个全面”是当前党和国家事业发展中必须解决好的主要矛盾。至此，全面从严治党作为“四个全面”战略布局的重要方面被正式提出。

2016 年 7 月 1 日，习近平总书记在庆祝中国共产党成立 95 周年大会上的重要讲话中指出：“治国必先治党，治党务必从严。如果管党不力、治党不严，人民群众反映强烈的党内突出问题得不到解决，那我们党迟早会失去执政资格，不可避免被历史淘汰。管党治党，必须严字当头，把严的要求贯彻全过程，做到真管真严、敢管敢严、长管长严。”①

党的十九大首次将“全面从严治党”写入党章。十九大党章五次出现全面从严治党相关内容。总纲部分首次写入“四个全面”战略布

① 习近平：《在庆祝中国共产党成立 95 周年大会上的讲话》，人民出版社 2016 年版，第 23 页。

局，同时把“坚持党要管党、从严治党”深化为“坚持党要管党、全面从严治党”，并且将党的建设四项基本要求丰富为五项，全面从严治党单列一项。在具体的条文部分，十九大党章第四十六条和第四十八条，分别阐明纪律检查委员会的任务和党组的任务时，也都强调要全面从严治党。

全面从严治党的内涵十分丰富。习近平总书记对全面从严治党的科学内涵进行了深刻阐述。2016 年 1 月 12 日，习近平总书记在十八届中央纪律检查委员会第六次全体会议上的讲话中指出，全面从严治党，核心是加强党的领导，基础在全面，关键在严，要害在治。这一重要论述揭示出了全面从严治党的目标、要求、关键和重点。“全面”就是管全党、治全党，面向 9000 多万党员、460 多万个基层党组织，覆盖党的建设各个领域、各个方面、各个部门，重点是抓住领导干部这个“关键少数”。“严”就是真管真严、敢管敢严、长管长严。“治”就是从党中央到省市县党委，从中央部委、国家机关部门党组（党委）到基层党支部，都要肩负起主体责任，党委书记要把抓好党建当作分内之事、必须担当的责任；各级纪委要担负起监督责任，敢于瞪眼黑脸，敢于执纪问责。

（一）坚持和加强党的全面领导：全面从严治党的根本目标

新时代，以习近平同志为核心的党中央高度重视全面从严治党是有着深刻原因的，而最根本的原因就在于“办好中国的事情，关键在党”。对于后发现代化国家，强有力的政治领导是制胜的决定性因素。全面从严治党的核心是加强党的领导。过去一个时期，一些地方和部门不敢旗帜鲜明坚持党的领导，党的领导弱化问题的现象比较普遍。针对这些情况，党的十八大之后，党中央旗帜鲜明提出坚持和改善党的领导的重大政治要求。习近平总书记在党的十九大报告中强调，党政军民学，东西南北中，党是领导一切的，是最高的政治领导力量。

党的领导是中国特色社会主义最本质的特征，中国特色社会主义制度的最大优势是中国共产党领导。中国共产党的初心和使命，就是为中国人民谋幸福、为中华民族谋复兴。

新时代，无论是推进党的政治建设、思想建设、组织建设、作风建设、纪律建设，还是把制度建设贯穿其中、深入推进反腐败斗争，都要把坚持和加强党的全面领导作为出发点和落脚点。坚持全面从严治党，是为了使党有足够的能力应对各种考验和风险，始终成为中国特色社会主义事业的坚强领导核心，更好地领导各项事业的发展，实现人民幸福、国家富强、民族复兴的宏伟目标。

（二）明确了全面从严治党的主体责任和监督责任

全面从严治党首要的是要解决“谁来治”的基本问题。一个时期以来，党内之所以存在管党治党失之于软、失之于宽的问题，原因就在于管党治党主体责任缺失、监督责任缺位。针对这一问题，党中央明确提出，各级党委要担负全面从严治党的主体责任，各级纪委要对全面从严治党担负监督责任。主体责任是全面从严治党的关键，监督责任是必不可少的保障。

各级党委要担负从严治党的主体责任。2014 年 10 月 8 日，习近平总书记在党的群众路线教育实践活动总结大会上特别指出，各级各部门党委（党组）必须树立正确政绩观，坚持从巩固党的执政地位的大局看问题，把抓好党建作为最大的政绩。如果我们党弱了、散了、垮了，其他政绩又有什么意义呢？各级党委（党组）肩负管党治党主体责任，党委（党组）书记是第一责任人，要切实把管党治党作为分内之事、应尽之责，种好自己的“责任田”。

2016 年 1 月 12 日，在十八届中纪委第六次全体会议上，习近平总书记指出，“治”就是从党中央到省市县党委，从中央部委、国家机关部门党组（党委）到基层党支部，都要肩负起主体责任，党委书记要把抓好党建当作分内之事、必须担当的职责；党的建设必须全面从严，各级党组织及其负责人都是责任主体；党委书记要做管党治党的书记，当好第一责任人，对党负责。将全面从严治党的责任具体落实到各级党委和党委书记的肩上，从根本上树立了全面从严治党的权威，为全面从严治党的贯彻落实提供了重要的组织保障。

各级纪委对全面从严治党担负监督责任。党内监督，是推进全面从严治党的重要保障。“党内监督缺位，必然导致党的领导弱化、党的建设缺失、全面从严治党不力。”① 党的执政地位，决定了党内监督在党和国家各种监督形式中是最基本的、第一位的，只有以党内监督带动其他监督、完善监督体系，才能为全面从严治党提供有力的制度保障。各级纪委的监督属于党内监督，纪委是党内监督的专责机关，履行监督执纪问责职责。习近平总书记指出，各级纪委要肩负起监督责任，敢于瞪眼黑脸，勇于执纪问责。2016 年 1 月 12 日，习近平总书记在十八届中央纪律检查委员会第六次全体会议上的讲话中又明确强调，党内监督是全党的任务，第一位的是党委监督，不能一谈到监督就只想到纪委或推给纪委。这就进一步明确了党委监督和纪委监督的具体定位：党委监督是全方位监督，对全面从严治党负主体责任；纪委监督是专责监督。

“两个责任”的提出是全面从严治党的重大理论创新，是“党要管党”思想的具体体现，为纵深推进全面从严治党提供了有力抓手。全面从严治党是系统工程，要靠全党管全党治全党。主体责任和监督责任清晰了管党治党的基本职责，明确了管党治党的不同责任主体，形成了推动全面从严治党的强大合力。

（三）提出了党的建设的总体布局

党的十九大报告提出了新时代党的建设的总要求：坚持和加强党

① 《习近平谈治国理政》第 2 卷，外文出版社 2017 年版，第 185 页。

的全面领导，坚持党要管党、全面从严治党，以加强党的长期执政能力建设、先进性和纯洁性建设为主线，以党的政治建设为统领，以坚定理想信念宗旨为根基，以调动全党积极性、主动性、创造性为着力点，全面推进党的政治建设、思想建设、组织建设、作风建设、纪律建设，把制度建设贯穿其中，深入推进反腐败斗争，不断提高党的建设质量，把党建设成为始终走在时代前列、人民衷心拥护、勇于自我革命、经得起各种风浪考验、朝气蓬勃的马克思主义执政党。

党的建设总体布局，是推动新时代党的建设的伟大工程的具体支撑和有力抓手，是党的十八大以来全面从严治党不断探索创新的重大成果。这一党的建设总体布局突出了政治建设的统领地位和纪律建设这个管党治党的治本之策，抓住了新时代推进党的建设新的伟大工程的关键，实现了党的建设总体布局的重大发展，是党的十八大以来全面从严治党理论创新的重大成果。

1. 把党的政治建设摆在首位

党的十九大报告指出："旗帜鲜明讲政治是我们党作为马克思主义政党的根本要求。党的政治建设是党的根本性建设，决定党的建设方向和效果。"中国共产党作为无产阶级先进政治组织的性质决定了我们党必须把政治建设放在党的建设首位。

习近平总书记高度重视党的政治建设。2018 年 6 月 29 日，他在主持中共中央政治局第六次集体学习时对加强党的政治建设作了深刻阐述，他强调，如果马克思主义政党政治上的先进性丧失了，党的先进性和纯洁性就无从谈起。这就是我们把党的政治建设作为党的根本性建设的道理所在。党的政治建设决定党的建设方向和效果，不抓党的政治建设或背离党的政治建设指引的方向，党的其他建设就难以取得预期成效。2016 年 7 月 1 日，在庆祝中国共产党成立 95 周年大会上，习近平总书记强调："严肃党内政治生活是全面从严治党的基础。党要管党，首先要从党内政治生活管起；从严治党，首先要从党内政治生活严起。"① 这些重要论断，是针对新时代党的建设面临的新情况、新问题、新挑战得出的结论，是在深刻总结党的建设历史经验特别是党的十八大以来党的建设经验基础上得出的结论。

只有不断加强党的政治建设，把准政治方向，坚持党的政治领导，夯实政治根基，涵养政治生态，防范政治风险，永葆政治本色，提高政治能力，才能为我们党不断发展壮大、从胜利走向胜利提供重要保证。因此，在党的建设总体布局中，政治建设是根本性建设，发挥统领作用。把党的政治建设纳入党的建设总体布局并作为根本性建设，是对马克思主义党建理论的重大发展。

2. 把思想建设作为基础性工程

我们党要建设成为始终走在时代前列、人民衷心拥护、勇于自我革命、经得起各种风浪考验、朝气蓬勃的马克思主义政党，就必须将共产主义远大理想和中国特色社会主义共同理想，作为中国共产党人的精神支柱和政治灵魂。加强思想建设是党的基础性建设，是确保马克思主义政党强盛不衰的"压舱石"。

坚定理想信念是党的思想建设的重要任务和关键抓手。2012 年 11 月 17 日，习近平总书记在十八届中共中央政治局第一次集体学习时的讲话中指出，坚定理想信念，坚守共产党人精神追求，始终是共产党人安身立命的根本。对马克思主义的信仰，对社会主义和共产主义的信念，是共产党人的政治灵魂，是共产党人经受任何风险考验的精神支柱。理想信念就是共产党人精神上的"钙"，没有理想信念，理想信念不坚定，精神上就会"缺钙"，就会得"软骨病"。

在党的十九大报告中，习近平总书记强调指出，要把坚定理想信念作为党的思想建设的首要任务，教育引导全党牢记党的宗旨，挺起共产党人的精神脊梁，解决好世界观、人生观、价值观这个"总开关"

① 习近平：《在庆祝中国共产党成立 95 周年大会上的讲话》，人民出版社 2016 年版，第 23 页。

问题，自觉做共产主义远大理想和中国特色社会主义共同理想的坚定信仰者和忠实实践者。把坚定理想信念作为党的思想建设的首要任务，必须深入学习马克思列宁主义、毛泽东思想、邓小平理论、“三个代表”重要思想、科学发展观、习近平新时代中国特色社会主义思想，坚持用习近平新时代中国特色社会主义思想武装全党，不断提高马克思主义思想觉悟和理论水平，保持对远大理想和奋斗目标的清醒认识和执着追求，自觉做共产主义远大理想和中国特色社会主义共同理想的坚定信仰者和忠实实践者。

3. 加强党的纪律建设

中国共产党是靠革命理想和铁的纪律组织起来的马克思主义政党。党章党规党纪，是全面从严治党的根本依据，是全体党员必须遵循的行为规范。加强党的纪律建设是维护党组织团结统一、执行党的路线、完成党的任务的重要保证，是抵制非无产阶级思想侵蚀、维护党的优良作风、保持党的队伍纯洁和战斗力的重要武器。

加强党的纪律建设是推进全面从严治党落地生根的重要战略决策。习近平总书记指出：“党要管党、从严治党，靠什么管，凭什么治？就是要靠严明纪律。”[①] “从严治党关键在严格执纪。要把纪律建设作为治本之策，摆在更加重要地位。”[②] 党的十八大以来党风廉政建设和反腐败斗争取得压倒性胜利的一个重要原因，就是真正加强了党的纪律建设，坚持常抓不懈、久久为功，严格执行党的纪律。

加强党的纪律建设，突出强调要把严明政治纪律放在更加重要更加突出的位置。政治纪律是各级党组织和全体党员在政治方向、政治立场、政治言论、政治行为方面必须遵守的规矩。2013 年 1 月 22 日，习近平总书记在十八届中央纪委二次全会上的讲话中强调，党的纪律

① 中共中央纪律检查委员会、中共中央文献研究室编：《习近平关于严明党的纪律和规矩论述摘编》，中央文献出版社 2016 年版，第 4 页。

② 中共中央文献研究室编：《十八大以来重要文献选编》（中），中央文献出版社 2016 年版，第 339—340 页。

是多方面的，但政治纪律是最重要、最根本、最关键的纪律，遵守党的政治纪律是遵守党的全部纪律的重要基础。政治纪律是各级党组织和全体党员在政治方向、政治立场、政治言论、政治行为方面必须遵守的规矩，是维护党的团结统一的根本保证。党的十八大以来，以习近平同志为核心的党中央把严明政治纪律放在从严管党治党、加强纪律建设的首位来抓。当前，就是要把坚决维护习近平总书记党中央的核心、全党的核心地位，坚决维护党中央权威和集中统一领导作为根本的政治纪律和政治规矩。

党的十九大党章吸收了党的十八大以来党的纪律建设的创新成果和实践经验，把纪律建设纳入党的建设总体布局，丰富完善了党章中关于纪律建设的主要内容，更加符合新时代党的建设的迫切需要，形成了我们党在纪律建设方面的理论创新，标志着我们党对坚持党要管党、全面从严治党的认识达到了一个新境界。

（四）把制度建设贯穿始终

全面从严治党，从严必依法度。加强党内法规制度建设，是全面从严治党、依规治党的必然要求。全面从严治党之所以取得显著成效，一条重要经验就是全党上下确立起依规治党理念。全面从严治党要以坚强的制度作保障。绝对的权力会导致绝对的腐败，要编紧扎牢制度的笼子，将权力关进制度的笼子里，让权力在阳光下运行。

党的十八大以来，以习近平同志为核心的党中央全方位推进党内法规制度体系建设，取得历史性成就。各位阶、各领域、各层面、各环节的党内法规制度建设有序展开，形成了以党章为根本、若干配套党内法规为支撑的党内法规制度体系，有效推动了党内政治生态好转，体现了党中央全面从严治党的坚强决心和科学部署，为贯彻落实新时代党的建设总要求提供了可靠制度保障。依规治党与国家层面的依法治国一起，共同构成了法治中国建设的重要推动力。

制度的生命在于执行。制度建设要真正为全面从严治党保驾护航，关键是要确保制度的严肃性和权威性，提高制度的执行力。习近平总书记指出，要狠抓制度执行，扎牢制度篱笆，真正让铁规发力、让禁令生威。要坚持制度面前人人平等、执行制度没有例外，不留“暗门”、不开“天窗”，坚决维护制度的严肃性和权威性，坚决纠正有令不行、有禁不止的行为，使制度成为硬约束而不是橡皮筋。

党的十八大以来，习近平总书记第一次将思想建党和制度治党结合起来。2014 年 10 月 8 日，习近平总书记在党的群众路线教育实践活动总结大会上指出，坚持思想建党和制度治党紧密结合。从严治党靠教育，也靠制度，二者一柔一刚，要同向发力、同时发力。坚持思想建党和制度治党相结合，创造性地丰富和发展了马克思主义建党治党学说，是中国共产党加强自身建设、保持先进性和纯洁性的宝贵经验。

（五）深入推进反腐败斗争

腐败问题是困扰世界各国的难题，是我们党面临的最大威胁。反腐败斗争始终是全面从严治党的重点任务，具有长期性、复杂性和艰巨性。

党的十八大前后，党的建设和党的领导宽松软问题越来越突出，党内腐败问题也越来越突出。以习近平同志为核心的党中央以对人民负责、对民族负责、对历史负责的责任担当，直面腐败问题，以前所未有的力度、广度、深度将反腐败斗争向前推进。2012 年 11 月 15 日，习近平总书记在十八届中共中央政治局常委与中外记者见面会上的讲话中强调，新形势下，我们党面临着许多严峻挑战，党内存在着许多亟待解决的问题。尤其是一些党员干部中发生的贪污腐败、脱离群众、形式主义、官僚主义等问题，必须下大气力解决。全党必须警醒起来。打铁还需自身硬。这充分彰显了中国共产党正视问题的勇气和解决问题的信心。

推进全面从严治党，深入推进反腐败斗争，首先要从领导干部抓起。党要管党，首先要管好干部；从严治党，关键要从严治吏。针对吏治腐败的痼疾，习近平总书记在党的群众路线教育实践总结大会上强调指出："要坚持以严的标准约束干部，以严的措施管理干部，以严的纪律约束干部，使干部心有所畏、言有所戒、行有所止。"推进反腐败斗争，要遵循"无禁区、全覆盖、零容忍"原则，用好惩治这一手段。习近平总书记反复强调："坚决查处腐败案件，坚持'老虎'、'苍蝇'一起打，形成了对腐败分子的高压态势。"①

推进反腐败斗争，要不断创新反腐败的监督体制。在加强党内监督、法律监督和纪律检查机关的监督之外，创新发挥巡视利剑的作用。党的十八大以来，党中央根据世情国情党情深刻变化，把巡视作为党内监督战略性制度安排，确立中央巡视工作方针。巡视是全面从严治党的利剑，是加强党内监督的战略性制度安排，是具有中国特色的民主监督制度。

推进反腐败斗争，要坚持多措并举，久久为功。在党的十九大报告中，习近平总书记指出，坚持全面从严治党，必须强化不敢腐的震慑，扎牢不能腐的笼子，增强不想腐的自觉，通过不懈努力换来海晏河清、朗朗乾坤。

三、党的十八大以来全面从严治党的实践及成效

全面从严治党不是口号，而是具有鲜明的实践性，取得了巨大成效。党的十八大以来，以习近平同志为核心的党中央，以刀刃向内的勇气向党内顽瘴痼疾开刀，以雷霆万钧之势推进全面从严治党，以抓铁有

---

① 《习近平谈治国理政》，外文出版社2014年版，第393页。

痕、踏石留印的精神和力度把管党治党要求落实落细，消除了党内存在的严重隐患，化解了党面临的严重政治风险，解决了很多过去长期想解决而没有解决的问题，正本清源、拨正船头，保证全党沿着正确的航向前进，对党、对国家、对民族多产生了不可估量的深远影响。

（一）加强党的全面领导

一个时期以来存在的宽松软问题是管党治党不严及党领导不全面、弱化的结果，是没有层层落实管党治党政治责任的结果。党的十八大以来，坚持和加强党的领导的一个重要特点就是“全面”，关键就是要把党的领导贯穿到治国理政全部活动中，并在全面从严治党中得到有效落实。党的十八届三中全会之后，我们成立了中央国家安全委员会、中央军民融合发展委员会、中央全面深化改革领导小组、中央网络安全和信息化领导小组、中央军委深化国防和军队改革领导小组等，再加上已有的中央财经领导小组、中央外事工作领导小组等，进一步加强了党对国家重要工作的集中统一领导。党的十九大进一步明确，中国共产党领导是中国特色社会主义最本质的特征，是中国特色社会主义制度的最大优势，党是最高政治领导力量。同时，将“坚持党对一切工作的领导”置于基本方略“十四个坚持”之首，把“坚持和加强党的全面领导”作为新时代党的建设总要求的重中之重，强调“党政军民学，东西南北中，党是领导一切的”。“党是领导一切的”这一重大政治原则，也正式写入了党章。2018 年 3 月，十三届全国人大一次会议通过的宪法修正案，将“中国共产党领导是中国特色社会主义最本质的特征”写入宪法第一条第二款。

党的十九大之后，中央政治局研究审议《中共中央政治局关于加强和维护党中央集中统一领导的若干规定》和《中共中央政治局贯彻落实中央八项规定的实施细则》，强调党中央集中统一领导是党的领导的最高原则，加强和维护党中央集中统一领导首先是中央领导层的政治责任，明确中央政治局全体同志要坚持每年向党中央和总书记书面述职，中央书记处和中央纪委、全国人大常委会、国务院、全国政协、最高人民法院、最高人民检察院党组每年向中央政治局常委会、中央政治局报告工作。党的十九届三中全会关于深化党和国家机构改革的决定，通过党政机构统筹设置，克服职能交叉、政出多门等问题，加强了党对各领域、各方面工作的领导。

2018年8月，新修订的《中国共产党纪律处分条例》在总则第二条增写了两个“坚决维护”，即“坚决维护习近平总书记党中央的核心、全党的核心地位，坚决维护党中央权威和集中统一领导”；在总则第三条增写了“四个意识”，这是继《中国共产党章程》《关于新形势下党内政治生活的若干准则》《中国共产党巡视工作条例》后，写入“四个意识”的又一部党内法规。同时，在党内推动全党尊崇党章，增强政治意识、大局意识、核心意识、看齐意识，坚决维护党中央权威和集中统一领导，严明党的政治纪律和政治规矩，层层落实管党治党政治责任。

党的十九届四中全会又进一步提出健全党的全面领导制度的重要任务。全面领导深刻反映我们对党的领导的重要性、必要性的深刻认识。推进全面从严治党，确保党的全面领导，是我们党从小到大、从弱到强、从胜利走向胜利的根本保障。

（二）持续深入改进作风

2012年12月4日，中共中央政治局会议审议通过《十八届中央政治局关于改进工作作风、密切联系群众的八项规定》，中央政治局以上率下、身体力行，为全党树立了典范。从此，党中央将八项规定作为改进工作作风的切入口和动员令，并以踏石留印、抓铁有痕的劲头抓住不放，善始善终、善做善成。严厉整治形式主义、官僚主义、享乐主义和奢靡之风，坚决反对特权，推动了党风、政风、社会风气的根本好转。据统计，中央八项规定实施七年来，各级纪检监察机关共查处违反中央八项规定精神问题 31.7 万起，处理党员干部 43.7 万人，其中给予党纪政务（纪）处分 26.9 万人。八项规定成为党中央抓全面从严治党的亮丽名片，成为改变中国党风政风社会风气的标志性话语。

先后开展党的群众路线教育实践活动、“三严三实”专题教育、“两学一做”学习教育及其常态化制度化、“不忘初心、牢记使命”主题教育，推进全面从严治党向基层延伸，全党理想信念更加坚定、党性更加坚强。四场主题教育活动，成为我们党坚持思想建党、理论强党，不断进行自我革命的“接力跑”，反映了我们党推进全面从严治党的坚定决心和政治定力，是持续深入开展作风建设、不断提高党的建设质量重要措施。

（三）加强基层组织和干部队伍建设

基层组织是党的建设的坚强战斗堡垒，是党全部工作和战斗力的基础。坚持抓基层、强基础，切实加强基层党组织和党员队伍建设，严密组织体系、严格组织生活、严明组织纪律，推动全面从严治党向基层延伸，把基层党组织的组织优势、组织功能、组织力量充分发挥出来。党的十九大报告指出：“要以提升组织力为重点，突出政治功能，把企业、农村、机关、学校、科研院所、街道社区、社会组织等基层党组织建设成为宣传党的主张、贯彻党的决定、领导基层治理、团结动员群众、推动改革发展的坚强战斗堡垒。”

党的各级干部是党组织的骨干。全面从严治党，关键是从严治吏。首先，完善领导干部选拔任用机制。党的十八大明确提出，要全面准确贯彻民主、公开、竞争、择优方针，并提出要提高选用人公信度，不让老实人吃亏，不让投机钻营者得利。2013 年 6 月 28 日，习近平总书记在全国组织工作会议上提出了“信念坚定、为民服务、勤政务实、敢于担当、清正廉洁”的好干部标准，为选人用人指明了方向。

同时还指出，要把从严管理干部贯彻落实到干部队伍建设全过程。2013 年 12 月，中组部发布《关于改进地方党政领导班子和领导干部政绩考核工作的通知》提出对领导干部的考核要看全面工作，不能仅仅把地区生产总值及增长率作为政绩评价的主要指标，搞地区生产总值及增长率排名，同时要把党的建设的实际成效纳入干部考核指标之中。这就纠正了以往单纯以经济增长速度评定政绩的偏向，对于推进全面从严治党、科学选拔领导干部都具有鲜明的导向作用。

（四）深入推进依规治党

推进全面从严治党必须构建起科学、系统、完备的党内法规制度体系，并将之贯穿于党的建设全过程。在党的十八大报告中，习近平总书记明确指出要把制度建设摆在突出位置。党章是党的最高行为规范，是立党、治党、管党的总章程，是党员加强党性修养的根本标准，在党内具有最高的权威性和最大的约束力。党的十八大刚刚闭幕，习近平总书记就在《人民日报》发表了《认真学习党章　严格遵守党章》的重要文章，号召全党自觉学习党章、遵守党章、贯彻党章、维护党章，增强了全党的党章意识。2017 年，党的十九大修订的党章将习近平新时代中国特色社会主义思想确立为党的指导思想，把党的十九大报告确立的管党治党、治国理政重大理论观点和重大战略思想写入党章。我们以党章为根本遵循推动全面从严治党深入开展，取得了实效。

党的十八大以来，为适应全面从严治党新任务提出的从严建章立制新要求，党内法规制定工作驶入快车道，中央党内法规制定工作推进力度之大、质量之高前所未有。党的十八大以来，总共制定修订 140 多部中央党内法规，约占 220 多部现行有效中央党内法规的 60%（党的十八大期间，共制定修订 92 部中央党内法规，包括 2 部准则、14 部条例）。同时，党中央高度重视制度执行，坚持有规必依、执规必严、违规必究。在党内法规有力引领和坚强保障下，全面从严治党不断向纵深方向推进。

（五）强力推进反腐败斗争

习近平总书记在党的十九大报告中指出，一个政党，一个政权，其前途命运取决于人心向背。针对人民群众最为痛恨的贪污腐败问题，党的十八大以来，以习近平同志为核心的党中央，以极大的政治勇气强力反腐，“打虎”“拍蝇”“猎虎”，坚持以零容忍的态度惩治腐败。通过充分发挥巡视利剑作用，实现中央和省级党委巡视全覆盖，运用监督执纪“四种形态”，深化纪律检查和国家监察体制改革，不断强化监督执纪问责，坚决扼制腐败蔓延势头，不敢腐的目标初步实现，不能腐的笼子越扎越牢，不想腐的堤坝正在构筑，反腐败斗争压倒性态势已经形成并巩固发展。十八届中央纪律检查委员会向中国共产党第十九次全国代表大会报告显示，党的十八大以来，经党中央批准立案审查的省军级以上党员干部及其他中管干部 440 人，其中，十八届中央委员、候补委员 43 人，中央纪委委员 9 人。全国纪检监察机关共接受信访举报 1218.6 万件（次），处置问题线索 267.4 万件，立案 154.5 万件，处分 153.7 万人，其中厅局级干部 8900 余人，县处级干部 6.3 万人，涉嫌犯罪被移送司法机关处理 5.8 万人。国家统计局问卷调查结果显示，人民群众对反腐败工作成效表示很满意或比较满意的比例由 2012 年的 75％增长至 2017 年的 93.9％。党风廉政建设和反腐败斗争成为这 5 年党和国家工作中最大的亮点，在这场“输不起的斗争”中，我们党向人民交出了一份优异的答卷。

第二章　新时代党面临着长期和复杂的考验

中国特色社会主义进入新时代，强起来的历史性任务更为突出，社会主要矛盾的转化对于党的工作和党的建设提出了许多必须重视的新问题新要求。党所面临的长期执政、改革开放、市场经济、外部环境的“四种考验”依然存在，过去留下来的不少问题需要花大力气去根治，有些问题甚至更加复杂突出，与此同时还出现了一些新问题，各种问题往往又相互交织在一起。对于这些考验及其具体表现的产生形式、类型、重点、根源、后果及应对思路必须进行客观、全面、精准的分析，有所预防和准备，看清内在机制，找准发生原因和针对性方法，牢牢树立风险意识、忧患意识、预防意识，才能防患于未然、制患于主动、绝患于本源，才能在各种风险考验面前始终经受住冲击、稳住心神、开创局面，保护人民群众切身利益，促进党的事业不断顺利发展。

一、长期执政面临的长期性和复杂性考验

实践表明，执政党的一切事业都不是轻而易举的，执政党的执政地位不是一劳永逸、自然赋予的，不是静止不变、安乐拥有的，而是需要不断巩固和强化，需要主动维护和自我夯实的。党面临的长期执

政考验是，作为一个已经执政 70 多年、拥有 9000 多万党员的世界上最大的执政党，作为要完成最广泛艰巨的改革发展任务的最大发展中国家，执政挑战在不断增多，执政能力需要不断增强，执政基础需要不断扩充，执政要求需要不断强化。特别是在改革发展不断深化的条件下，面临许多前所未有的新情况新问题新挑战，能不能保持革命本色，能不能平稳合格执政，能不能长期执政，能不能长期执好政，始终不忘初心、牢记使命，实现好、维护好、发展好最广大人民群众的根本利益，顺应人们对美好生活的向往，把最广大人民群众始终团结在执政党周围，始终做到为人民执政、靠人民执政，不断取得优异的执政绩效，不断向人民群众交出满意的执政答卷，这是很多人持续关心的问题，也是执政党自身需要摆在首位认真考虑和解决的重大问题。长期执政，一方面会在历史前进中积累不少执政经验，造就强大的组织体系、控制体系和执行体系，产生惯性的凝聚力、吸引力和向心力，形成明显的执政优势；另一方面会使党面临诸多新情况新问题，其中很多都是前所未有的，有的问题还在长期积累、叠加、交织，如果只是用传统思维来应对是不行的、不够的，而需要不断创新变革，需要自我革命，需要防止风险复性聚合所带来的各种挑战，在防范化解重大风险中使党永葆青春纯洁，永远不失动力与活力，在制度现代化中使党的行为更加规范权威，使执政地位永远稳固如磐。

（一）在长期执政过程中脱离群众的可能性有所加大

中国共产党从本质上讲就是一个代表最广大人民根本利益的政党，没有自身的任何私利，同人民群众始终保持着血肉联系，要时刻以人民群众为先、为重、为念，时刻防范脱离人民群众，与人民群众同呼吸、共命运、齐进退，从人民群众中汲取前进的力量。在革命战争时期，党面临大量你死我活的血肉战争，为了自身的生存、发展和壮大，会千方百计赢得人民群众的支持，吸引人民群众积极投身革命斗争，使党逐步由小到大、由弱到强，能够奇迹般战胜极其强大的敌人，最终取得革命的胜利。毛泽东指出："真正的铜墙铁壁是什么？是群众，是千百万真心实意地拥护革命的群众。这是真正的铜墙铁壁，什么力量也打不破的，完全打不破的。"[①] 新民主主义革命胜利前夕，经过长期奋斗而即将迎来历史性转折之时，毛泽东同志在党的七届二中全会上提出了"两个务必"，对全党郑重提出警示。这种警示对于毛泽东这种与人民群众感情深厚、在联系人民群众而获得强大力量方面有着长期深切感悟的人民领袖来说，是自然而然的感情流露，是践行唯物史观的内在要求，也是具有远大预见的战略提醒。

从当代历史视野看，这种警示在实践中得到了明确的印证。最突出的例子就是苏联的颠覆所带来的深刻教训。苏共在艰难曲折中起步，在拥有 20 万党员时取得"十月革命"的胜利，在拥有 200 万党员时取得反法西斯"卫国战争"的胜利，而在拥有 2000 万党员时不可避免地走向亡党亡国，其原因何在？正是因为长期以来实行过于僵化的体制和政策，使其与人民群众的距离越来越远，最终导致以戈尔巴乔夫为代表的上层集团发动了一场静悄悄的侵蚀根基的革命，给党、国家、人民带来了灾难性后果，其教训是极其深刻的。习近平总书记曾多次讲到这个案例，他指出："我们常说，基础不牢，地动山摇。信念不牢也是要地动山摇的。苏联解体、苏共垮台、东欧剧变不就是这个逻辑吗？苏共拥有 20 万党员时夺取了政权，拥有 200 万党员时打败了希特勒，而拥有近 2000 万党员时却失去了政权。我说过，在那场动荡中，竟无一人是男儿，没什么人出来抗争。"[②] 历史的逻辑就是这样铁面无情，如果不注意尊重和顺应人民的要求，就会最终被人民所抛弃。

中国共产党在新中国成立以后，特别是改革开放以来，经历种种曲折，几经重大风险而能依然展现强大的生命力，也充分证明了：在

---

① 《毛泽东选集》第 1 卷，人民出版社 1991 年版，第 139 页。

② 习近平：《推进党的建设新的伟大工程要一以贯之》，《求是》2019 年第 19 期。

长期执政过程中，有很多成功的执政经验，其中很重要的一点就是始终坚持人民群众的主体地位，允许人民群众实践探索，发挥人民群众的首创精神，及时吸收升华人民群众探索中的成功经验，靠人民执政，最大限度实现人民群众的切身利益，在人民的支持参与中不断取得执政绩效。改革开放中的很多成功举措，如实行家庭联产承包责任制、发展非公有制经济、发展社会主义市场经济、实施乡村振兴战略等，都是这样出台和实施的。党在人民愿望基础上所制定实施的政策，有的是中国五千年历史上从未有过的。比如，2006 年 9 亿农民彻底告别延续了 2600 年的“皇粮国税”，这是顺民心、得民心的壮举，给广大农民群众和全体人民以实际利益，给长期制约经济社会整体发展的农村经济以活力，也成为夯实经济社会发展长期基础的重要措施。还有打赢脱贫攻坚战，这也是虑民意、举民力的重要工程，在世界扶贫史上写下了奇迹。我们还结合国情、结合中国特色社会主义的要求不断探索普惠养老、普惠医疗的思路和办法，出台了一些符合实际的规定，致力于解决农村地区老无所养、病无所医的艰难状况，惠及子孙后代。我们还根据改革开放以来经济社会发展面临的一系列深层次问题，强调推动高质量发展、建设生态文明，把当代人的利益与后代人的利益结合起来考虑。党与社会之间的互动更加丰富多样，第三方监督力量、新兴监督力量的作用逐步增加，党与人民的理解、信任更加频繁，更加贴心。在处理一些突发事件时，党和政府表现得更加人性化，更注意听取和吸收人民群众的合理意见和要求。坚持党的领导、人民当家作主与依法治国有机统一，法治国家、法治政府、法治社会建设取得明显改观，中国特色社会主义制度优势得到显现。这些都表明，在长期执政过程中，只要把人民群众利益放在应有的重要位置上，就能赢得最广大人民群众的广泛支持，形成人民群众积极主动参与的良好氛围，执政就会得心应手。

与此同时，在党与人民群众的联系日益加强、日益紧密的同时，由于现实社会条件的不断变化，人民群众的需要日益丰富多样，层次不断提升，人民群众对于党的领导和党的建设的要求也更高了。这些使得党与人民群众之间的联系在长期执政过程中面临诸多新问题新挑战，需要妥善应对。

1. 人民群众对于解决民生问题的呼声比较突出

所谓民生问题，简单地说，就是与人民群众生活密切相关的问题，就是人民群众最直接的现实利益问题，最主要表现在吃穿住行、养老就医就业子女教育等生活必需上。这些问题关系人民群众须臾不可离开的日常生活，涉及范围广，大家都比较关注。随着经济不断发展，人民群众要求改变“有增长而无发展”“有物质而少幸福”的局面，更加关注社会公平正义，要求实现幼有所育、学有所教、劳有所得、病有所医、老有所养、住有所居、弱有所扶，建立完善各方面的社会保障体系。如果无视人民群众这些现实要求，就容易引起人民群众的不满，导致党群干群政群关系的紧张。

2. 人民群众对继续推进改革发展事业的愿望非常强烈

人民群众越来越具有自我意识，对党的事业寄予厚望，对党和国家的前途十分关切，对实现强起来的前景非常期待。虽然在党的事业发展的不同阶段，不时会有各种不同声音，还有各种突发事件，但人民群众对于党执政的成绩总体上是满意的，是看在眼里的，是有显著获得感的。这 70 多年是中华民族历史上翻天覆地的辉煌时期，最大的受益者毫无疑问是普通的人民群众，人民群众每日每时都能切身感受到这个伟大的历史性成就。这些年，我们的同胞有更多机会跨出国门，在国外更能深刻地感受到这一点。老百姓的愿望最简单、最直接、最明确、最实用，就是渴望过上更加幸福美好的生活，能更好地实现自身的正当合法权利。只要我们党能够坚持加强自身建设，带领人民沿着既定的目标继续前进，及时推进改革发展，进一步解决经济社会发展面临的各种深层次问题，统筹发展好经济、政治、文化、社会和生态建设事业及其他各方面事业，就能使人民群众更加信任党、拥护党、坚决跟党走，更加心甘情愿地为党的事业而奋斗。这方面的典型很多。我们看到，在昆山、江阴、佛山、晋江等这些发展较快、生活较富足的地区，尤其是在加速脱贫攻坚的一些地区，老百姓提前享受到了全面建成小康社会的诸多实惠，党与人民群众之间的联系更加紧密，党的工作和党的建设相对来说也容易开展，号召群众办事情也更容易。而那些发展思路不足、长期发展落后的地方，党群关系更难处理，做好群众工作的难度相对更大一些。

3. 人民群众对党内消极腐败现象的存在比较关切

改革开放 40 多年来，我们在经济、政治、文化、社会、生态建设等各个方面都取得了令世人瞩目的成就，我们的思想状态总体上是健康向上的，党员干部队伍的状况总体上是过硬可靠的。但也毋庸讳言，社会主义市场经济的发展也确实给人们的思想带来了一些负面影响，艰苦奋斗的传统在某些地方、部门和某些人身上看不见了，骄奢淫逸、消极腐败等现象在一些地方、一些领导干部身上滋生、蔓延，形式主义、官僚主义的影响根深蒂固，产生的社会影响极其恶劣。腐败分子和作风不良分子的思想和行为，不仅本身是对党的思想理论和目标宗旨的背叛，而且在一定程度上、一定范围内严重损害了党在人民群众心目中的形象，导致党群干群政群关系恶化。进一步加大反腐倡廉力度，形成不敢腐、不能腐、不想腐的完整体制机制，有效克服市场经济负面影响及各种腐朽落后思想的侵蚀，自觉抵制不利于社会主义市场经济发展的各种腐朽落后的观念和行为，才能使各级领导干部和全体人民坚定从事党的伟大事业的信心和决心。

4. 人民群众对党的事业的了解参与更加积极主动

随着党内民主的不断发展，党员和群众的民主意识逐步提高，对党的活动的监督更加有效。多年来，通过建立党务公开栏，公开设置意见箱、热线电话和举报电话，利用电子政务等信息网络手段，及时张榜公布党员群众关心的重大事项，方便群众反映情况、发表意见，帮助党员做好联系和服务群众工作。对涉及多数群众切身利益的大事，广泛征求群众意见。对群众反映的情况，及时给予反馈。随着网络应用不断普及和扩大，网络、微信等已成为党和政府了解民意、听取民声、汇聚民智、科学决策的重要渠道。现在一些地方领导干部对此项工作非常重视，集中网络民智，了解网络民意，借助网络监督，坚持网络互动，为群众表达意愿提供了新的平台。人民群众对党组织和党员干部的一举一动，能够更加方便地了解和监督，对于党的建设的要求也就不断提高。人民群众的新要求新期待与时俱进，党群关系的处理面临新的挑战，如何在新的历史条件下密切党同人民群众的血肉联系，需要进一步探索和加强。

总之，人民群众要求党在新的历史条件下提高工作效能，加大力度改善民生，满足自身对美好生活的多方面需求，要求坚持和改善党的领导，提高党的执政水平和领导水平，推动自我革命，特别是下决心克服党内存在的不良作风和腐败现象，更好地发展民主和改善民生。人民群众的强烈期待就是命令，就是召唤，党员干部对此千万不可掉以轻心。如果准备不足，处理不好，就会给执政带来有形无形的困难，和不必要的风险。要通过全党的共同努力，努力把握和顺应人民群众的心声，真正取信于民、扎根于民、交心于民，不断巩固和加强党同人民群众的血肉联系。有了这种稳固联系，我们的改革和建设就有了胜利之本，长期执政就有了吸取智慧和力量的最深厚基础，就有了推动各项工作、克服潜在风险的最可靠保证。

延伸阅读

重温“狱中八条”①

在重庆红岩革命历史博物馆，展示着“狱中八条”，展示着革命烈

① 匡丽娜：《“狱中八条”的警示意义》，《重庆日报》2018 年 3 月 11 日。

士在狱中铸牢的理想信念，展示着真正共产党人的忠诚和奉献。

1949年10月1日，新中国成立的消息传到了重庆渣滓洞、白公馆监狱，近200名共产党员兴奋不已，为党欢呼的心情可想而知。但没有想到，敌人开始了最后的疯狂。此时在狱中关押了近十年的中共川东特委青委宣传部长许晓轩（小说《红岩》中许云峰的原型）觉得不能再等待下去了，“死，也要死得其所”。许晓轩当时坚定提议大家为党提供最后的建议。

以前狱中难友们小范围的议论，立刻汇集成一种强烈的呐喊。《红岩》小说作者之一罗广斌也在其中。因为罗广斌的哥哥是国民党高级将领，因此他最有可能脱险，于是罗广斌就担负起重任：搜集情况，征求意见，总结经验，有朝一日向党报告。

“11·27”大屠杀那天子夜，罗广斌冒死突围，三天之后迎来重庆解放。为完成难友们的嘱托，罗广斌用了整整28天时间，整理出了同志们在狱中的讨论和总结。到12月25日，罗广斌的这份名为《重庆党组织破坏经过和狱中情形的报告》写成，并上报给中共重庆市委。这份报告为七个部分，其中第七部分即“狱中意见”八条，约3000多字，是该报告的核心部分。“狱中八条”就是在此基础上提炼的。

这份材料一开始就在公安部门和组织部门以及相关领导手里。后来随着重庆行政管辖的变化，人员工作变动，这份报告被默默地放进了档案库，没人提及，外界更没人知道。

1996年，启动“红岩魂——白公馆渣滓洞革命烈士斗争史”全国巡展，“狱中八条”首次对公众亮相，即：防止领导成员腐化；加强党内教育和实际斗争的锻炼；不要理想主义，对上级也不要迷信；注意路线问题，不要从右跳到“左”；切勿轻视敌人；重视党员特别是领导干部的经济、恋爱和生活作风问题；严格进行整党整风；惩办叛徒、特务。

从这八条建议来看，党面临的风险挑战是多种多样的，也是必须不断主动防范和化解的。如果不注意这些风险挑战，所导致的结果可能是惨烈的。可以看出，其核心就是不能脱离群众，时刻把人民群众放在最重要位置上，保持初心和坚守使命，想方设法发挥人民群众的历史作用，只有这样才能使党永远保持强大的力量，永远保持革命本色。从这一意义上讲，这八条建议永远不过时。

（二）在长期执政过程中思想和行为上的惰性状态亟待清除

在历经艰难曲折中，中国共产党已经成为执政 70 多年、拥有 9000 多万名党员的世界上最大的执政党。执政时间长，经受的执政考验多，表明在一定程度上执政经验更加丰富了，执政资源更加强化了。但与此同时，执政时间越长，人们在思想观念和行为上的边际效应就有可能变得愈加现实，容易出现权力的固化僵化，容易出现思想和行为上的惯性，权力一旦获得只可强化难以削弱，从而导致各种集权现象及由此而产生的各种不当决策出现。执政越久，党员干部的思想意识就越容易产生安于现状、不思进取、容易满足的心理，宁愿保持现状不愿变革创新，从而不敢担当、不愿担当、不善担当的问题相对来说更加突出。这种习惯性惰性状态是长期执政后必然面对的思想状况，是执政党开拓新局面必须着力解决的重大问题。

一旦惰性状态在一些人身上占据主导地位，惰性状态肆意蔓延，就会使执政党陷入一种无所作为、难以进取的尴尬状态，原来的动力不太管用，慢慢失去刺激作用，新的动力又难以发掘，干什么事情都会面临动力衰减的问题，“差不多就行”的思想到处弥漫，在改革时取得共识的难度加大，碰到的各种阻力不断增加。只有想办法回到自我革命的本真状态，才能打破这种状态，打开工作局面，继续以革命精神对待新时代的各项工作，敢于进行新的伟大斗争，才能为党的事业发展不断增添新动力新能量新绩效。要善于引导广大党员干部担当作为，为担当者担当，形成贤能者能干事、敢干事、干成事的良好局面。

要时刻消除安逸享乐的思想，克服消极无为的思想倾向，把人民群众的事业放在首位，甘于为人民群众奉献毕生，这样才会产生无穷的内心动力，铸牢崇高的价值防线，找到工作和生活的真正动力坐标，也就永远不会堕落虚无，永远从内心明白干事创业、工作生活到底是为什么，才能永远为中国人民谋幸福。要牢记初心和使命，把自己的价值融入为人民的事业、为党的事业的无穷奋斗之中，永远不忘记从哪里来、到哪里去，自觉为实现共产主义奋斗终生，就不会虚度生命。每个人心中都刻上忠诚奉献的印章，就能形成新时代的精神长城，点滴努力汇成新时代奋斗的滚滚洪流。

（三）在长期执政过程中战略及其执行的可持续性问题值得重视

长期执政带来了许多历史性机遇，也创造了许多新的机遇，使得执政的基础更为坚实，执政条件更为完善，执政目标更为清晰。在长期的实践探索中，会形成一整套行之有效的战略思路及其配套方法，对战略的认识更加自觉全面，在动员能力和推进机制上自然会产生一种优势，减少不少人为的阻力，引领党和人民向着既定目标不断前进。但是，在长期执政过程中，各种战略的确定及其执行不可避免地会在一定程度上走向固定化程式，习惯性思维占据人们的头脑，形成了相对固定的执政文化，使得战略创新的难度大大增加。如何突破战略上的瓶颈和路径依赖以适应形势的不断变化，如何进行自我突破，如何切实加强战略执行，这都需要顽强的意志和冷静的头脑。如果对战略的理解不透彻不全面，对发展了的环境不了解，那么现有战略体系的有效性就成为关系执政成效乃至执政生命的重大问题。从长期来看，对于广大人民群众的战略动员也会面临更多更难挑战，思想政治动员和文化凝心聚力的工作面临更大压力。

如何在长期执政中坚持那些正确的做法，使得战略执行不走样，保证战略的可持续性，防止出现颠覆性错误，这也是需要战略定力的。

对于执政规律的认识和运用，是经过实践的检验反馈、付出了巨大的成本而获取的，不是说有就有的。如果对之不重视、运用得不好，那么已经付出的成本就难以收回，并且会产生新的沉淀成本，这给战略执行和战略创新带来的挑战是不可忽视的。战略目标的明确也经历了长期的探索过程，一旦确定就需要持之以恒，调动各种力量为之奋斗，绝不能朝三暮四，绝不能在各种诱惑下走上歪路邪路，这对执政党的执政能力和战略定力也是长期性的巨大的挑战。一般而言，越具有长期战略执行能力和战略定力的执政党，越容易获得既定的成功，而缺少长期战略执行能力和战略定力的执政党则会在战略空谈、执行无力中日益涣散乃至脆败。

（四）在长期执政过程中国家治理体系和治理能力现代化问题日益突出

长期执政的政党，要求认真总结自身的执政经验，把那些实践中被证明为有效的做法固定下来，构建推行系统完备、科学规范、运行有效的制度体系，在实现工业、农业、国防、科技“四个现代化”基础上推进国家治理体系和治理能力现代化，不断发挥和巩固中国特色社会主义的制度优势。

2019 年 10 月 31 日，党的十九届四中全会作出了《中共中央关于坚持和完善中国特色社会主义制度、推进国家治理体系和治理能力现代化若干重大问题的决定》（以下简称《决定》）。《决定》提出：“突出坚持和完善支撑中国特色社会主义制度的根本制度、基本制度、重要制度，着力固根基、扬优势、补短板、强弱项，构建系统完备、科学规范、运行有效的制度体系，加强系统治理、依法治理、综合治理、源头治理，把我国制度优势更好转化为国家治理效能，为实现‘两个一百年’奋斗目标、实现中华民族伟大复兴的中国梦提供有力保证。”《决定》在揭示中国特色社会主义制度十三个方面显著优势基础上，从十三个坚持和完善描绘了中国特色社会主义制度的图谱体系，提出了当前和今后一个时期制度落实和制度完善的一系列着力点。《决定》强调："坚持和完善中国特色社会主义制度、推进国家治理体系和治理能力现代化，是全党的一项重大战略任务。……各级党委和政府以及各级领导干部要切实强化制度意识，带头维护制度权威，做制度执行的表率，带动全党全社会自觉尊崇制度、严格执行制度、坚决维护制度。健全权威高效的制度执行机制，加强对制度执行的监督，坚决杜绝做选择、搞变通、打折扣的现象。"在稳步推进制度现代化，既要保持中国特色社会主义制度和国家治理体系的稳定性和延续性，又要抓紧制定国家治理体系和治理能力现代化急需的制度、满足人民对美好生活新期待必备的制度，推动中国特色社会主义制度不断自我完善和发展、永葆生机活力。可以预计，只要全党努力切实推进制度现代化，就能促使党和国家事业获得更加坚强有力的制度保证，奠定促进改革发展治理、实现民族伟大复兴最可靠的长期基石。

二、改革开放面临的长期性和复杂性考验

改革开放是中国共产党的历史性选择，也是党的基本路线的重要内容。改革开放考验就是，随着改革开放的深化，其所带来的辩证矛盾效应同时显现，有利的一面和不利的一面相互交织。与改革开放推动社会生产力的不断解放相伴相生的是思想意识上的多样性、社会关系的复杂性、党的执政基础的复杂性，党面临的不是过去那种简单的社会结构和社会主义环境，如何有效领导改革开放、保证改革开放的正确方向需要认真对待。同时随着改革开放进入攻坚阶段，各种深层次矛盾从深层上升到表面，该啃的硬骨头必须去啃，改革动力不足、不强的困境必须扭转，由此带来的挑战也是巨大的。

（一）全面深化改革只有进行时没有完成时

中国40多年来的改革取得了辉煌成就，在提升综合国力、满足人民生活、推进民主政治、发展社会事业、保护生态环境等方面都有值得骄傲的成绩。我国的GDP总值已多年稳居世界第二位，2019年接近100万亿元，占世界经济比重超过16%，人均国民收入已经高于中等收入国家平均水平；对外贸易总量从1978年206亿美元上升至超过31.5万亿美元，跃居世界第一位，有着巨大的消费潜力；外汇储备从长期没有达到10亿美元到超过3万亿美元，跃居世界第一位。人民生活水平明显提高，市场上各种商品供应充足，告别了票证供应时代；贫困人口从2.5亿大幅减少至2019年底的551万，贫困发生率从31%下降到0.6%，脱贫攻坚战成效显著，人均期望寿命从35岁大幅提高至77.3岁。随着中国的发展，国际地位明显改善，国际社会对于中国特色社会主义建设的成就高度肯定。是改革真正让中国人民富裕起来，是改革把中国从计划经济推向市场经济、从封闭走向开放、从落后步入繁荣，开辟了一条坚持和发展中国特色社会主义的正确道路。

改革的推进，是现实的客观需要，而不是一时心血来潮。一些人认为，在经过一段时期的改革之后，一些摆在明面上的问题得到了解决，各方面的体制有所完善，改革的内在动力明显减弱，改革要不要继续需要再思量。这是对于改革的错误认识。在新形势下，改革所面临的阻力明显加大，解决瓶颈性问题的要求更加突出。要想继续推进改革，必须拿出更大的勇气、更多的举措，敢于碰硬，敢于较真，特别是抓住一些重点领域和关键环节，出台一些有针对性的措施，着力解决那些深层次问题。有人说："革别人的命容易，革自己的命难。"其实，真正的共产党人，只要是抱着全心全意为人民服务的立场，就不会被暂时的、局部的利益所迷惑，就能够在触及自身利益的一些问题上敢于突破、敢于较真，就不存在动力不足的问题。邓小平说，改革的成败和各项工作的得失，“判断的标准，应该主要是看是否有利于发展社会主义的生产力，是否有利于增强社会主义国家的综合国力，是否有利于提高人民的生活水平”。[①] 实践证明，只有按照社会主义市场经济的改革方向，充分发挥市场配置资源的决定性作用和充分发挥好政府作用，才能从根本上提高效率，促进生产力的发展，促进社会公平正义。要做到这些，我们必须完善体制保障，坚持中国特色社会主义道路、理论、制度和文化，不失时机地推进关键领域的改革，切实加大改革力度，增添改革新动力，同时想方设法提高改革的实效性，注重改革决策的科学性，增强改革措施的协调性，使改革兼顾到各方面利益、照顾到各方面关系，真正得到广大人民群众的拥护和支持。

改革如逆水行舟，不进则退。“在认识世界和改造世界的过程中，旧的问题解决了，新的问题又会产生，制度总是需要不断完善，因而改革既不可能一蹴而就、也不可能一劳永逸。”[②] 我们应该顺应人民和时代的要求，继续坚定不移地推进改革开放。特别是适应新时代社会主要矛盾转化的要求，把改革定位到更好满足人民群众美好生活的需要上来，推动高质量发展和全面协调可持续发展。习近平总书记强调：“要坚持社会主义市场经济的改革方向，提高改革决策的科学性，增强改革措施的协调性，找准深化改革开放的突破口，明确深化改革开放的着力点，不失时机地推进重要领域和关键环节改革，继续解放和发展社会生产力，继续推动我国社会主义制度自我完善和发展，坚决破除一切妨碍科学发展的思想观念和体制机制弊端。”[③] 党的十九大提出了深化经济体制改革、政治体制改革、文化体制改革、社会体制改革、生态体制改革等方面的一系列实践要求，党的十九届四中全会提出了

① 《邓小平文选》第 3 卷，人民出版社 1993 年版，第 372 页。

② 习近平：《关于〈中共中央关于全面深化改革若干重大问题的决定〉的说明》，《求是》2013 年第 22 期。

③ 习近平：《全面贯彻落实党的十八大精神要突出抓好六个方面工作》，《求是》2013 年第 1 期。

坚持和完善中国特色社会主义制度、促进国家治理体系和治理能力现代化的一系列重要部署，明确提出了进一步深化改革的一系列具体任务，我们要全面贯彻落实好这些要求，使改革不断取得新的进展。

（二）真刀真枪推进全面深化改革

全面深化改革总目标是完善和发展中国特色社会主义制度、推进国家治理体系和治理能力现代化。它涉及方方面面、各个领域，是一个极其复杂的系统工程，单靠某一个或某几个部门是难以顺利推进的，必须是全面系统的改革和改进，是各领域改革和改进的联动集成，难度之大、工作之巨是可以想象的。因此，党的十八届三中全会提出中央成立全面深化改革领导小组，负责改革总体设计、统筹协调、整体推进、督促落实。习近平总书记亲自担任领导小组组长，定期召开会议研究部署有关工作，使全面深化改革得到了及时扎实推进和跟踪监督完善。各地区各部门也设立了相应的推进机制，上下一盘棋地落实重大改革举措，由此出现了各种各样的改革效应和景象。

全面深化改革的目标任务是艰巨而宏伟的，涉及经济、政治、文化、社会、生态、党的建设等各个方面、各个层级，涉及治理体系和治理能力现代化的总体。这些方面集成起来构成一个不可能分割的整体，哪一个方面都不可忽视，都涉及很多具体的必须完成的工作任务，它们共同构成中国特色社会主义改革的大局，需要从整体上加快推进、不断推进，通过改革的实际成效带动各方面工作的推进。同时，每方面的工作也涉及复杂的利益关系，都有许多实际困难要去克服，只有不遗余力地改革才能有所突破。至于如何在这些复杂的改革任务中既抓住重点，有效突破难点，又随时注意协调各方，形成相互之间共同协进的效应，则是对改革提出的更高要求。

改革难免触动一些人的“奶酪”和既得利益，碰到深层次复杂关系的羁绊，碰到各种绊脚石，因此，总要有所侧重、有所砍伐。几家欢喜几家愁，不会皆大欢喜。这就需要拿出勇气和胆识，敢于突破既得利益格局，敢于向各种不合理节点开刀，让改革真正落地。当开明绅士，爱惜羽毛，畏首畏尾，是难以落实措施、推进工作的，是难以改革成功的。尤其一些改革是立足于国家整体利益、根本利益、长远利益而部署的，目的是要达到一加一大于二的叠加效果，注重整体利益优先、全局利益优先，防止局部利益相互掣肘、相互抵消，这就更要顶住压力、顾全大局。只要是认准了的改革就要坚决推行，把党中央的既定部署不折不扣落实到位，同时在改革中勇于探索试验，对实践中的难题主动钻研解决，加快排除新时代改革中更多的顽瘴痼疾。习近平总书记强调，昨天的成功并不代表着今后能够永远成功，过去的辉煌并不意味着未来可以永远辉煌。时代是出卷人，我们是答卷人，人民是阅卷人。要实现党和国家兴旺发达、长治久安，全党同志必须保持革命精神、革命斗志，勇于把我们党领导人民进行了 97 年的伟大社会革命继续推进下去。① 在全面深化改革之新长征路上，我们必须始终保持创新进取的积极态度，找准问题和方向，有备无患、有新不滞、有怀不止，坚决把改革引向深入。

延伸阅读

共和国勋章获得者袁隆平说
“我不能躺在功劳簿上睡大觉”②

从“南优 2 号”到超级稻，几十年来，袁隆平对杂交水稻不断改良。杂交稻目前已经覆盖了全中国和许多国家。据央视新闻 2017 年报道显示，仅在中国，杂交水稻种植面积就达 2.5 亿亩，面积占比 57%，产量占比 65%。

---

① 参见《以时不我待只争朝夕的精神投入工作　开创新时代中国特色社会主义事业新局面》，《人民日报》2018 年 1 月 6 日。

② 王俊：《“我不能躺在功劳簿上睡大觉”》，《新京报》2019 年 9 月 30 日。

干瘦、黝黑、小平头，同几十年前最初进入大众视线时一样，袁隆平似乎没什么改变，即将年满 90 岁，他也几乎每天下田。“晚上睡前，再想想我的超级稻长得怎么样了，有没有病虫害，天气有没有干旱。”

袁隆平启程来北京前，还去田里观看了稻田长势。头天参加完共和国勋章颁授仪式，当天就返回湖南，“明天还要到田里去”。他有自己的任务表单：向亩产 1200 公斤冲刺。“如果没有特大的自然灾害，有九成把握可以实现。”

接受采访时，袁隆平坦言被授予共和国勋章很激动，同时他更把这个荣誉当成一个鞭策。“我不能躺在功劳簿上睡大觉，要继续努力，继续攀高峰。”

近 90 岁高龄的袁院士几十年初心不变、老骥伏枥，体现的是一种永远追求创新、自我超越的感人精神。改革不能止步，未来需要不断开创。

（三）对外开放未有穷期

古往今来，人类从闭塞走向开放、从隔绝走向整合，从来都是不可阻挡的时代潮流，开放是大势所趋，不是哪一种势力能够人为阻挡的。特别是在当代，全球之间的生产和交往越来越成为一个密不可分的整体，相互之间的依赖和联系前所未有，优势互补成为常态，封闭起来孤立发展、自我循环更变得不可能。2019 年 6 月 7 日，习近平主席在第二十三届圣彼得堡国际经济论坛例会上的致辞中指出，和平与发展仍然是当今时代主题，人类的命运从没有像今天这样紧密相连，各国的利益从没有像今天这样深度融合。和平、发展、合作、共赢的时代潮流不可阻挡。

马克思主义哲学认为，任何事物的存在和发展都有内因与外因，二者之间的关系是辩证的，内因是根据，外因是条件，不能割裂开来。

对于一个国家来说，要始终坚持以内因为根据，把独立自主、自力更生作为立足点，自主决定和处理本国事务，不受任何其他国家的控制和干涉，从本国的实际出发，走自己的路，主要依靠本国人民的智慧和力量，充分利用本国资源发展本国经济，保持自身经济社会体系的必要独立性，才能防止外在的不必要风险。只有坚持独立自主、自力更生，才能自主地掌握本国的经济命脉，逐步建立起独立的、完整的国民经济体系，实现社会主义现代化，实现社会主义国家的经济独立，在发展对外关系中维护国家的根本利益，保护国家的经济安全，进而保障国家的政治独立和政治安全。事实充分说明，对于一个大国来说，把经济发展建立在主要依靠国内市场的基础上，在扩大内需的过程中处理好各种关系，特别是若干带有全局性的重大关系，才能有效地促进经济结构的优化，增强综合国力和国际竞争力，提高人民生活水平。同时，自力更生与发展对外经济关系相互联系、相互促进，不能把独立自主、自力更生看成是闭关锁国、故步自封和盲目排斥，要坚定不移地促进和扩大对外开放。一方面，自力更生是发展对外经济关系的前提和基础；另一方面，发展对外经济关系是增强自力更生能力的重要途径。现在国与国之间的经济联系日益紧密，相互影响越来越大，谁也不可能关起门来搞现代化建设，不可能回避经济全球化趋势和激烈复杂的国际竞争。问题的关键在于既要敢于又要善于参与这种经济全球化条件下的国际合作与竞争；既要充分利用其中可以利用的各种有利条件和机遇来发展自己，又要清醒认识和及时防范其中可能带来的各种不利影响和风险。在任何时候、任何情况下，都要继续积极参与经济全球化，坚持对外开放的基本国策，坚持互利共赢的开放战略，善于利用全球市场来发展自己。要全面把握经济全球化带来的机遇和挑战，努力做到趋利避害，形成经济全球化条件下参与国际经济合作和竞争的新优势。

党的十一届三中全会以后，中国对外开放的步伐从未停止。创办经济特区，开放沿海港口城市，建立沿海经济开放区，开放沿江、沿边及内陆地区，推进“一带一路”建设，建立自由贸易区、自由贸易岛，直到党的十九大确定“推动形成全面开放新格局”。随着新时代内外部条件的变化，中国还采取了一系列实际举措来加大对外开放的力度，如：实施“走出去”战略，实施“一带一路”倡议，举办自由贸易区，举办进口博览会等。中国已经同138个国家和30个国际组织签署了200份共建“一带一路”合作文件，这充分表明中国对外开放合作的新成就。可以预计，不管形势怎么变化，只要中国这个世界上最大的市场擎起对外开放的大旗，积极做对外开放的促进者和引领者，整个世界的开放发展力度就不会减弱，开放红利就会不断释放。

（四）中国开放的大门只会越开越大

随着科学技术的发展和国际秩序的规范化，整个世界日益成为一个“地球村”，不仅传统经济活动走向全球化，而且生产、服务和技术创新乃至相应的文化生活方式也明显地向全球化方向发展。1995年1月1日世界贸易组织（WTO）正式运转，标志着一个以贸易自由化为核心、涵盖当今世界主要经济领域的多边贸易体制确立。国际交往和联系日益密切，全球一体化市场正在形成，全球发展的动力更加强劲，全球治理的变革呈现加速态势。生产要素在全球范围内流动，流动规模越来越大，速度越来越快。在过去的20多年里，全球GDP年均增长3.5％，国际贸易年均增长7％，国际资本流动年均增长高达14％。这种世界大发展的态势，要求各个国家加快变革，尽快融入国际经济政治体系，不断提高自身参与国际交往和国际竞争的能力。

然而，由于全球经济社会发展面临一些新的瓶颈，经济停滞的趋向有所加升，金融危机影响深远，一些国家开始质疑之前推行的自由贸易政策，为了遏制别人的发展不惜转而奉行贸易保护主义，甚至挑起贸易战。习近平总书记指出，令人担忧的是，保护主义、单边主义愈演愈烈，治理赤字、发展赤字、信任赤字有增无减，世界经济中不稳定不确定因素明显上升。2019 年 6 月 7 日，习近平主席在第二十三届圣彼得堡国际经济论坛例会上的致辞中指出，中国将不断扩大对外开放，放宽市场准入，营造公平竞争的市场环境。我们将旗帜鲜明推进经济全球化进程，维护多边贸易体制，致力解决世界经济发展不平衡不平等问题。愿在平等和相互尊重基础上，同各方开展贸易合作，实现共赢。

习近平总书记指出："改革开放 40 年来，中国人民自力更生、发愤图强、砥砺前行，依靠自己的辛勤和汗水书写了国家和民族发展的壮丽史诗。同时，中国坚持打开国门搞建设，实现了从封闭半封闭到全方位开放的伟大历史转折。开放已经成为当代中国的鲜明标识。中国不断扩大对外开放，不仅发展了自己，也造福了世界。……中国开放的大门不会关闭，只会越开越大。"① 中国将坚持以对外开放为基本国策，继续坚定不移地成为开放发展的促进者而不是阻碍者，坚持以开放促改革、促发展、促创新，在开放中实现公平竞争发展，持续推进更高水平的对外开放，使中国的开放型经济发展更加顺畅健康。

2020 年 8 月 24 日，习近平总书记在经济社会领域专家座谈会上发表重要讲话指出，要推动形成以国内大循环为主体、国内国际双循环相互促进的新发展格局。以国内大循环为主体，并不是闭关自守，不是关起门来搞建设，不是不要开放了。恰恰相反，对外开放的大门应该越开越大，改革也应该持续深化。必须拿出更大的勇气、更多的举措破除深层次体制机制障碍，坚持和完善中国特色社会主义制度，推进国家治理体系和治理能力现代化。要坚持和完善社会主义基本经济制度，使市场在资源配置中起决定性作用，更好发挥政府作用，营造长期稳定可预期的制度环境。要加强产权和知识产权保护，建设高

---

① 习近平：《共建创新包容的开放型世界经济——在首届中国国际进口博览会开幕式上的主旨演讲》，人民出版社 2018 年版，第 5 页。

标准市场体系，完善公平竞争制度，激发市场主体发展活力，使一切有利于社会生产力发展的力量源泉充分涌流。要全面提高对外开放水平，建设更高水平开放型经济新体制，形成国际合作和竞争新优势。要积极参与全球经济治理体系改革，推动完善更加公平合理的国际经济治理体系。要积极开展合作，形成全方位、多层次、多元化的开放合作格局。越开放越要重视安全，越要统筹好发展和安全，着力增强自身竞争能力、开放监管能力、风险防控能力，练就金刚不坏之身。

三、市场经济面临的长期性和复杂性考验

我国经济体制改革方向和路径的选择经历了一个艰难的过程。在对计划经济体制的弊端进行反思的基础上，先后提出实施过“计划经济为主、市场经济为辅”，有计划的商品经济，将计划和市场相结合等说法。到 1992 年邓小平南方谈话和党的十四大明确提出建立社会主义市场经济体制，1993 年党的十四届三中全会提出《中共中央关于建立社会主义市场经济体制若干问题的决定》就此作出全面部署，强调“建立社会主义市场经济体制是一项前无古人的开创性事业，需要解决许多极其复杂的问题”。2003 年党的十六届三中全会作出《中共中央关于完善社会主义市场经济体制的决定》。2013 年党的十八届三中全会通过《中共中央关于全面深化改革若干重大问题的决定》强调“使市场在资源配置中起决定性作用和更好发挥政府作用”。2019 年党的十九届四中全会通过《中共中央关于坚持和完善中国特色社会主义制度、推进国家治理体系和治理能力现代化若干重大问题的决定》强调“必须坚持社会主义经济制度，充分发挥市场在资源配置中的决定性作用，更好发挥政府作用”。回顾改革开放 40 多年以来的发展历程，社会主义市场经济已经成为对我们日常生活产生重大影响作用的必然的现实选择。我们每一个人、每时每刻的生活，都已经离不开市场和市

场经济。发展社会主义市场经济给我们带来的好处和方便是显见的、巨大的、广泛的，但其所带来的风险考验也是明显的。

（一）市场体系本身的自发性所带来的考验

允许市场发挥作用，建立覆盖全社会范围的市场体系、市场规则、市场流动，按市场规矩办事，其实就是承认和尊重市场的作用，按照市场逻辑中的价值规律、供求规律等来配置和调动资源，形成一种尊重个人利益、激发人的积极性的动力和激励机制。这在极大程度上调动了各种社会要素的积极性，解放和发展了社会生产力，使得社会总体效率和社会文明程度大幅提升。虽然市场机制的作用本身不是万能的，但是依靠市场力量来促进社会生产在一定程度上会使市场自发作用的本能发挥出来，使在市场中个人利益可能影响甚至压倒社会利益，积累到一定程度就会形成社会风险乃至是经济社会波动。如何防范和化解这种波动，防止经济社会的恶性循环，本身就是市场经济面临的一个内在难题。如何既要有效发挥市场的良性动力作用，又要限制和化解市场带来的自发无序，更是难上加难。这在某种程度上提高了对于宏观调控的要求，提高了对于市场管理的难度，而且这种要求和难度会随着市场经济作用的广泛而不断加深。只要发展社会主义市场经济，发挥市场的决定性作用，这种内在的挑战和考验就是不可避免的，需要随时防范。

市场之所以为市场，就在于它是以自愿交换、价格引导为根本原则的，是交易各方真实意愿的表达和实现。市场化过程就是使这种自发的市场秩序成为主导，社会资源在这种具有较低成本的社会机制下得以调配和运用，从而产生社会生产和收益的最大化。但是市场的自发性并不总有着天然合理性，市场信号也会失真，每个人在自身利益的引导下可能会带来一定的社会利益，但很难带来社会利益的最大化，反而经常是每个人自行其是，大家互相干扰，互相勾心斗角，最后导致社会利益和效率的损失。在市场的自然环境条件下，如果不注意控制，在市场作物生长的同时，会伴随市场杂草的滋生蔓延，如果不对之加以修剪或装饰，那么不仅会严重影响市场整体本身的美观和作用，也会影响其他作物的正常生长。市场机制的实现会经历一个发展过程，在此过程中很有可能丧失合适的调控时机，这也会带来不必要的损失。当这些损失达到一定程度，市场机制设计的初衷就完全不能实现，发挥市场作用的意图也就成为泡影。因而，必须对市场的自发性有一定的预防、纠正和补救，不能让市场过于放纵，失去控制，从而使自发市场在尊重和维护客观规律的同时，能够在一定意义上也是自觉的、可控的。

（二）市场交换原则的泛化所带来的考验

由于市场具有一种自发扩张的机制和动力，市场的不断发展会使市场交换的原则成为市场化社会的通常规则。只要个人处于市场之中，就必须按市场规则办事，否则市场就不会承认个人的社会性。这种市场的自发扩张、市场观念的无穷影响和市场规则作用的无限放大，在一定程度上会使市场的作用无孔不入，造成市场交换原则的泛化，导致不该成为商品的也成为商品，不该由市场决定的也听命于市场，从而超出了社会发展的合理限度，进一步导致各种社会失信失序行为。市场的原则主要是合法化利润原则，这个原则本来只能主要在市场领域发挥作用，但是这个原则应用到极致就会把一切当成利润来追逐，只承认市场的权威，用市场来检验一切，这就会导致整个社会、社会的一切人一切事都围绕着市场转，良性竞争就会转变成为恶性竞争，人们只关心从市场中逐利得利，从而把目的变成手段、用目的代替一切，各种各样的越界思想和行为由此而产生。当这种风险与市场风险搅和在一起时，则会更加放大市场风险。尤其是这种泛化所带来的价值紊乱、价值失衡，会在一定程度上冲击整个社会的核心价值观，使得价值引领和纠偏的难度在无形中增大，这从某一方面又大大增加了社会成本，其实也反过来违背了市场交换原则的本义。

市场作用泛化最常见的一个例子就是假冒伪劣产品的出现和盛行。一些企业、一些不法商人为了自身利益的最大化，不惜侵害社会利益，在这种极端理念支配下，唯市场唯利益的观念盛行，制造能产生高利润的假冒伪劣产品、以各种方式变相降低产品质量便成为一些人的选择。在这种选择中，社会安全、伦理道德、价值底线、相互诚信等本来与健全的市场经济密不可分的法治和道德要求被置之不顾，在市场的合法形式下实现了一些人的扭曲的利益，但是同时侵害了其他人的合法正当利益。当这种现象和观念愈演愈烈时，对整个社会价值观念形成的冲击之强可想而知，要纠正其所需要的社会投入必然是巨大的。如果加重市场失衡、价值失衡引起的这种社会总成本，往往是得不偿失。

（三）政府如何有效发挥好作用所带来的考验

从现代经济社会体系的内在发展要求看，市场与政府的作用显然都是不可缺位的，两者各在其位是最好的，政府绝对不能甘当所谓“守夜人”，而是要理直气壮地引导和促进经济社会的良性发展。在发展社会主义市场经济的整个过程中，政府发挥保持宏观经济稳定、加强和优化公共服务、保障公平竞争、加强市场监管、维护市场秩序、推动可持续发展、促进共同富裕、弥补市场失灵等方面的作用是极其必要的，这不仅是市场健康发展和完善本身的要求，也是政府发挥作用本身的要求。问题在于，在市场经济体系下，政府的作用和市场的作用如何区分，有没有边界，边界到底在哪，这在理论上有一定争议。强政府还是弱政府？如果是强政府，要不要和怎样适当限制这种强政府的反作用，这些都是实践中的难题。如果处理不好，政府的作用就有可能越位或缺位，也就难以形成一个良好的市场环境，其所带来的后果也是极为复杂的，需要认真应对。

这就是说，既要从根本上防止政府乱伸手乱出脚，形成一个总体上有序规范的市场环境，又要避免政府不作为，在该担当的时候出现权力真空。这对政府的服务能力提出了很大的挑战，要明确自身的职责、本分之所在，严格履行法定职责，全方位维护市场秩序，引导市场主体合理参与市场经济，形成一个健全稳定可控的市场环境。这就需要政府更加善于借助和运用市场经济的办法来管理市场经济，让市场的作用得到正常发挥；同时政府不能听任市场任意妄为，不能缩手缩脚，必须更加积极主动地加强管理规范协调，坚决预防和纠正各种市场违法行为，使市场主体能够感受到政府应该有的无处不在的权威，这对于市场信心的促进也是极为有益的。

延伸阅读

坚持和完善社会主义基本经济制度[①]

党的十八大以来，以习近平同志为核心的党中央坚持和完善社会主义基本经济制度，在巩固和发展公有制经济、发展混合所有制经济、支持民营经济健康发展、健全按劳分配和按要素分配机制、深化供给侧结构性改革、发挥市场在资源配置中的决定性作用等方面，取得了一系列新的重要理论和实践成果，把社会主义制度和市场经济更好结合起来，形成了习近平新时代中国特色社会主义经济思想。多年来，我们把公有制为主体、多种所有制经济共同发展作为基本经济制度，《决定》在此基础上，着眼于新的实践和发展需要，把按劳分配为主体、多种分配方式并存，社会主义市场经济体制上升为基本经济制度，是习近平新时代中国特色社会主义经济思想的重要创新和发展，具有科学的理论基础、广泛的实践基础、深厚的群众基础。同时，这三项基本经济制度相互联系、相互支持、相互促进，是经

① 本书编写组编著：《〈中共中央关于坚持和完善中国特色社会主义制度、推进国家治理体系和治理能力现代化若干重大问题的决定〉辅导读本》，人民出版社 2019 年版，第 38—39 页。

济制度体系中具有长期性和稳定性的部分，起着规范方向的作用，对经济制度属性和经济发展方式有决定性影响。因此，《决定》的这一重要新概括，成为新时代我国构建更加有效管用、逻辑贯通、衔接匹配的经济制度体系和推动经济高质量发展的根本遵循，具有重要指导意义。

四、外部环境面临的长期性和复杂性考验

我国外部环境面临的考验是，随着改革开放的深入，改革发展已经内在地融入现代世界的整个体系，不可避免会接受外界影响，在参与全球市场的过程中可能受到外部环境变化所带来的各种冲击和考验。随着中国经济总量的迅速增长和中国占据世界经济份额的增加，世界各国对于中国的担心也有所增加，对中国的国际期待也更多更高，国际政治经济社会文化等的多元化、全球治理问题的凸显又使我们所面临的国际环境更加复杂多变。如何在积极参与经济全球化中发展壮大自身，并在此过程中展示更加良好的国际形象，进一步获得更多合作共赢的机遇，切实推动构建人类命运共同体，需要妥善思考和认真应对。

（一）世界新科技革命继续发展

科技是改变世界的重要力量。19 世纪末 20 世纪初以来，以物理学革命为先导，自然科学在众多领域都取得了历史性的新突破，产生了诸如相对论、量子力学、分子生物学、系统论、信息论、控制论等一系列新的科学理论和以信息技术、生物技术、新型材料技术、新能源技术、空间技术、海洋开发技术、纳米技术为代表的现代科学技术。世界新科技革命通过对诸多生产要素及相互关系的作用，极大地推动了人类生产力的发展，从而极大地改变了和改变着现代社会的产业结

构、经济结构、社会结构、阶级结构乃至工人阶级的结构，极大地改变了和改变着现代社会的政治生活和思想、文化、精神生活的条件和方式，使人类在告别农业社会，步入现代工业文明之后，又迅速进入信息社会和知识经济的时代。科学技术日益成为先进生产力的代表，成为推动社会生产力发展，继而推动社会的发展的最根本和最重要的力量。在当今世界，各国之间综合国力的竞争，很大程度上取决于各国的科技实力的强弱。

随着中国科技实力的增强，中国作为一个科技大国在全球的影响力日益增长。中国技术在一些方面取得突破性进展，甚至成为引领潮流的代表，以新四大发明为代表的新技术新经济产生的广泛影响力和巨大经济社会效益就是明证。这说明，在高科技发展日新月异的今天，传统的价值链格局有可能发生变化，中国将逐渐由低端产业进入高端产业竞争。由此引发的利益竞争也是十分激烈的，发达国家不甘心在高端产业上的垄断地位受到冲击，会制造各种壁垒来阻止或延缓发展中国家挑战原来的价值链格局。而中国要想真正全面提升自主创新能力，并将之转化为产业效益，最终赢得价值链上的合理话语权，也还需要付出很多努力。习近平总书记指出，当今世界，全球价值链、供应链深入发展，你中有我、我中有你，各国经济融合是大势所趋。距离近了，交往多了，难免会有磕磕碰碰。面对矛盾和摩擦，协商合作才是正道。只要平等相待、互谅互让，就没有破解不了的难题。我们应该坚持以开放求发展，深化交流合作，坚持“拉手”而不是“松手”，坚持“拆墙”而不是“筑墙”，坚决反对保护主义、单边主义，不断削减贸易壁垒，推动全球价值链、供应链更加完善，共同培育市场需求。

（二）经济全球化的客观进程具有辩证矛盾性

经济全球化是指全球范围内各国各地区之间经济相互联系和相互

依存，在世界市场扩展和深化基础上日趋密切的发展态势和发展进程。它是多国经济走向市场化，世界经济趋于一体化，各国经济贸易相互依赖程度大大提高的过程。经济全球化是世界经济发展的客观历史进程，也是生产力社会化和科学技术突飞猛进的产物，它的发展有益于人类整体文明程度的提高，对于后发展的国家来说，赋予了难得的发展机遇。然而，从另一方面看，在参与和利用全球化过程中如果不加注意，可能会导致经济社会不平衡趋势加深等“创造性毁灭”，使得一个国家经济、金融和社会体系被迫进入强大的外部压力之中。西方发达国家力图主导经济全球化，发展中国家总体上处于弱势，如果没有正确的对策就会落入更加不利的地位。

随着全球经济社会发展态势和版图的逐渐改变，发达国家对于全球化的态度有所改变，一些国家转而人为阻碍全球化的顺畅发展，用贸易壁垒、绿色壁垒、制度壁垒、技术壁垒、文化壁垒等来阻止国际贸易和国际交往的正常开展，试图以此来遏制发展中国家分享全球化的利益。这种逆历史潮流而动的思维方式和行为方式，本身是不合逻辑的，不符合世界各国共同的国际利益，不利于人类命运共同体的构建，也是难以得逞的。习近平总书记指出，世界上的有识之士都认识到，经济全球化是不可逆转的历史大势，为世界经济发展提供了强劲动力。说其是历史大势，就是其发展是不依人的意志为转移的。人类可以认识、顺应、运用历史规律，但无法阻止历史规律发生作用。历史大势必将浩荡前行。但是如果对于这种人为逆全球化的企图防范不足，对于那些有意破坏国际贸易规则的行动危害性估计不足、准备不足，就会在不知不觉中陷入别人设计好的圈套，要么是实际利益受到不必要的侵害损失，要么是在新一轮竞争中落入后手、陷于被动、失去先机。

延伸阅读

“习”式道理赏析①

中国是拥有五千年文明史的大国，历史上四大发明曾经为人类文明进步作出巨大贡献。鸦片战争以来，中国沦为半殖民地半封建社会，但中国人民并没有屈服，而是奋力探索民族复兴之路。新中国成立70年来，中国发生了翻天覆地变化，其根本原因在于我们找到了一条符合中国国情、顺应时代潮流、得到人民群众拥护支持的正确道路，这就是中国特色社会主义。今天，中国人民充满高度自信，将坚定不移沿着这条道路走下去。我们提出实现中华民族伟大复兴的中国梦，但这个梦绝不是“霸权梦”。我们没有准备去取代谁，只不过是让中国恢复应有的尊严和地位。我们已经取得了辉煌成就，但我们不会在世界上颐指气使，而是继续秉持“和而不同”的传统理念，坚持走和平发展道路，致力于与世界各国开展互利合作。中国坚持改革开放，既大胆创新，又摸着石头过河，越是面临阻力，越是迎难而上，加大开放。

（三）世界政治多极化趋势在曲折中发展

冷战结束后，欧盟、日本、俄罗斯、中国几大力量相对突出，广大发展中国家整体实力增强，各种区域间、洲际、全球性组织空前活跃，维护和平的力量在增长，出现美国“一超”与几大力量并存，互相竞争、相互借重、相互制衡的新局面，世界政治格局呈多极化发展趋势。但世界并不太平，全球治理难题凸显。由于世界力量对比严重失衡，美国在经济、科技、军事上处于超强地位，使得霸权主义和强权政治有了新的发展，这意味着多极化的世界政治格局不是一帆风顺的，必然是在与一极化的矛盾斗争中曲折地发展着。

---

① 参见王远、黄敬文：《习近平会见出席2019年“创新经济论坛”外方代表》，《人民日报》2019年11月23日。

在此过程中一个值得注意的现象是，发展中国家群体性崛起，世界格局进一步呈现东升西降的趋向。经历金融危机周期性冲击的世界步入大转折大变局，给人类社会共同发展带来难得的机遇，但也带来严峻的挑战。在权力转移过程中，守成大国不会坐以待衰，而是会以各种方式逆转这一进程，甚至制造障碍在新兴国家内部引起制度性危机，从而达到在将世界秩序搞乱中获得利益的目的。有的甚至试图以各种方式将别国与世界“脱钩”，或者不惜以各种手法干涉别国内部事务，以实现继续掌控世界、以不公平方式长久获利的目的。这虽然注定是螳臂当车，但其所带来的影响也是复杂多变的。如何把握这一世界局势的深度变化，积极参与全球治理进程，发挥负责任大国的应有作用，团结大多数国家实现统筹协作，积极推动构建人类命运共同体，需要仔细斟酌。

（四）世界社会主义运动处于大转折阶段

人类往哪儿去？世界怎么办？这是关乎发展方向选择的重大问题。东欧剧变，苏联解体，世界社会主义运动发生严重曲折。我国的社会主义现代化建设事业虽然取得了震惊世界的蓬勃发展，但以美国为首的西方敌对势力“西化”“分化”中国的图谋却没有停止。中国特色社会主义的巨大成就，使得它们看到中国的市场化并不会沿着它们想象的方向发展。它们以大众传播媒介、人员交流、国际往来为工具，在经济上打“经济牌”，宣扬“私有化”；在政治上否定社会主义、共产主义的理论和实践，否定共产党的领导；在文化上否定马克思主义，宣扬资产阶级的“自由、民主、人权”等价值观念，散播历史虚无主义，信奉文明冲突论，企图削弱中国，彻底搞垮社会主义，建立以美国为主宰的资本主义世界政治经济新秩序。因此，社会主义与西方敌对势力在渗透与反渗透、颠覆与反颠覆方面的斗争将是长期的、复杂的，有时甚至会十分尖锐，“两个必然”的实现会是一个长期的过程。

1991年苏联八·一九事件，在生死存亡的关头，苏共得不到人民的支持，得不到2000多万苏共党员的支持，军队也拒绝执行命令，甚至发生倒戈。事变之后，苏联解体，苏共解散，财产被查封没收，苏维埃覆亡。令人震惊和悲哀的是，查封者没有遇到有组织的反抗，各种反对派在街头大肆表演。苏联共产党在被宣布解散时，只能于顷刻之间就丢失执政地位，并引发一系列多米诺骨牌效应，这个教训发人深省。它充分说明，马克思主义执政党不脱离群众，才能“如鱼得水”，如果与群众形成“油水关系”而不能自省，不从根本上解决立党为公、执政为民的问题，不是一以贯之地坚持为人民掌好权、用好权，就会危及党的执政地位、影响国家政权的性质，就会影响人心向背，就有自我毁灭、人亡政息的危险。这种历史的惨剧所带来的严重后果往往代价极高而又难以弥补。

党的十八大以来，中国共产党领导的中国特色社会主义事业取得了历史性成就，充分证明了西方某些人“历史终结论”“文明冲突论”等论调的错误性，充分证明了马克思主义和社会主义的当代生命力，充分证明了人类社会发展绝不只是一种样板。但是世界经济社会发展形势的复杂化，西方资本主义社会经济、政治、文化矛盾更加突出，民粹主义等思潮回潮，经济缓慢或停滞发展的趋势难以改变，实体经济振兴之路漫长，全球贸易争端增多，使得我们面临的国际环境依然复杂多变，于是，中国的成功使得一些人多了一份担心。当然，不管国际风云如何变幻，我国发展重要战略机遇期存在的基本条件和机遇大于挑战的基本方面，并没有因为国内外形势新变化而发生根本性改变，中国特色社会主义将不断走向新的发展。当今世界总体上仍处于以和平与发展为主题的时代，各个国家高举和平、发展、合作的大旗，希望加强沟通协商，达到互利共赢，建设人类命运共同体符合人类共同利益。中国仍然是一个发展中的社会主义大国，在奋起直追中仍然存在着与其他国家之间的激烈竞争关系。有些国家对于中国这样一个大国的迅速发展虽然持乐见态度，希望中国在世界发展稳定中发挥更大的作用，希望搭上中国发展的快车道，但是也有一些国家由于意识形态的分歧，对于中国的崛起抱有警惕防范的态度，总想着遏制中国的快速发展，甚至幻想着中国有一天也能发生和平演变。加之在全球金融危机深化的背景下，世界大变革大调整大转折的态势在加剧，局部的动荡不安乃至战争在所难免，中国面临的国际环境势将更为复杂。

为了迎接当代世界科技、经济、政治、文化、军事等多方面的挑战，必须着眼于发挥人民群众的积极性，把我们自己的事情办好。习近平总书记强调："人民立场是中国共产党的根本政治立场，是马克思主义政党区别于其他政党的显著标志。党与人民风雨同舟、生死与共，始终保持血肉联系，是党战胜一切困难和风险的根本保证，正所谓'得众则得国，失众则失国'。"[①] 习近平总书记还强调："当今世界正经历百年未有之大变局，国际形势复杂多变，改革发展稳定、内政外交国防、治党治国治军各方面任务之繁重前所未有，我们面临的风险挑战之严峻前所未有。这些风险挑战，有的来自国内，有的来自国际，有的来自经济社会领域，有的来自自然界。我们要打赢防范化解重大风险攻坚战，必须坚持和完善中国特色社会主义制度、推进国家治理体系和治理能力现代化，运用制度威力应对风险挑战的冲击。"[②] 由此来看，面对各种现实和潜在的风险挑战，必须不断坚持群众路线，不断解放思想、实事求是，不断深化改革开放，促进国家治理体系和治理能力现代化，在实践中充分发挥中国特色社会主义的制度优势，确保中国的改革发展治理始终走在正确的轨道上，这对于党、国家和人民的前途具有决定性作用，对于在新的历史条件下不

---

① 习近平：《在庆祝中国共产党成立 95 周年大会上的讲话》，《人民日报》2016 年 7 月 2 日。

② 《中国共产党第十九届中央委员会第四次全体会议文件汇编》，人民出版社 2019 年版，第 74—75 页。

断坚持和发展中国特色社会主义也具有决定性作用。正如习近平总书记所指出的，科学社会主义在中国的成功，对马克思主义、科学社会主义的意义，对世界社会主义的意义，是十分重大的。党要在新的历史方位上实现新时代党的历史使命，最根本的就是要高举中国特色社会主义伟大旗帜。

第三章　新时代党面临着尖锐和严峻的危险

党的十八大报告提出："精神懈怠危险、能力不足危险、脱离群众危险、消极腐败危险更加尖锐地摆在全党面前。"2017 年 10 月 27 日，习近平总书记在党的十九大报告中进一步指出："深刻认识党面临的精神懈怠危险、能力不足危险、脱离群众危险、消极腐败危险的尖锐性和严峻性，坚持问题导向，保持战略定力，推动全面从严治党向纵深发展。"中国共产党作为领导人民进行革命取得胜利，并继续带领全国各族人民为实现中华民族伟大复兴而奋斗的革命党和执政党，面对艰巨繁重的改革发展稳定任务，提出并多次强调要正视"四大危险"，凸显了党在领导中华民族实现伟大复兴征程中强烈的忧患意识，体现了党对加强执政能力建设和先进性建设的高度重视，体现了自我革新、自我提升、自我完善的勇气和敢于担当、勇于负责的政治气魄。"四大危险"已经并正在损害党的先进性和纯洁性，损害党的政治优势、创造力、凝聚力、战斗力，损害党和政府的公信力以及党同人民群众的血肉关系，损害党的团结统一和党员、干部队伍的健康成长，损害中国特色社会主义伟大事业，矛盾的尖锐性和问题的严峻性不可低估。因此，党中央提出必须勇于进行自我革命，持续坚决清除一切影响党的先进性和纯洁性的消极因素，把党建设得更加坚强有力。

一、精神懈怠危险的尖锐性和严峻性

精神懈怠的危险，是“四大危险”之首，是新时代尖锐摆在全党面前的首要危险。习近平总书记指出：“生于忧患，死于安乐。没有危机感和紧迫感，看不到问题和症结所在，那危险就不远了。”[①] 2014 年 6 月，习近平总书记在中央政治局第十六次集体学习时，再次告诫全党要警惕“精神懈怠”的危险，而且要充分认识这种危险的尖锐性和严峻性。从习近平总书记的重要论述中可以看出，高度重视、坚决克服精神懈怠危险，是我们党保持自身性质和宗旨的必然要求，是我们党作为世界上最大发展中国家和最大社会主义国家的执政党实现自身健康发展、完成历史使命的迫切需要。克服精神懈怠危险不是一劳永逸的事情，需要全党上下时刻保持警惕并坚决斗争。

（一）精神懈怠危险的内涵和表现

精神懈怠是指人或人的群体组织在意识、思维活动和自觉的心理状态等方面产生松弛，缺乏积极主动的心理状态。精神懈怠表现在一部分党员干部身上就是精神上缺少理想信念的支撑，思想政治上日益薄弱，生活上贪图安逸，事业上不思进取，职责该为不为，纪律上习惯松懈，规矩上置若罔闻。精神懈怠不仅涉及党员个体，也涉及党的组织。就党的组织而言，主要指组织涣散、疲软，即党组织战斗堡垒作用弱化，缺乏远大的理想、目标，缺少工作的主动性或创造性，形不成鼓舞斗志、催人奋进的坚强领导。在这两个层面之间，党员个体的“精神懈怠”会影响到党的组织的纯洁性，党的组织的“精神懈怠”会削弱其对所属党员干部的领导和管理。

---

① 中共中央纪律检查委员会、中共中央文献研究室编：《习近平关于党风廉政建设和反腐败斗争论述摘编》，中央文献出版社、中国方正出版社 2015 年版，第 79 页。

我们党的领导人对精神懈怠危险的关注由来已久。抗日战争即将取得胜利的1944年，郭沫若发表《甲申三百年祭》一文。毛泽东立刻号召全党认真学习，并随后在延安高级干部会议上发表《学习与时局》演讲，要求大家吸取李自成教训，引以为鉴，不要重犯胜利时骄傲的错误。第二年，毛泽东与黄炎培有一个著名的窑洞对话，话题的主旨，就是中国共产党如何防止精神懈怠，如何跳出“人亡政息”的历史周期律。毛泽东的回答是：“我们已经找到新路，我们能跳出这周期率，这条新路就是民主；只有让人民来监督政府，政府才不敢松懈；只有人人起来负责，才不会人亡政息。”① 毛主席与黄炎培1945年的这番对话至今发人深省。世界上许多老党、大党垮台的历史教训告诉我们，执政时间越长，越容易出现思想麻痹、精神懈怠。今天，我国已成为世界第二大经济体，综合国力大大增强，人民生活明显改善，国际地位和影响力显著提高。然而，几十年的和平建设，特别是长期执政导致的惰性、前所未有的安全感、价值取向的多元化等因素，使得过去那种锐意进取、意气风发的精神状态开始有所减弱，一些党组织和党员干部意志消沉，表现出明显的精神懈怠。

1. 部分党员干部党性弱化，理想信念动摇

表现在党内生活中就是常常不按纪律和规矩办事，组织性和纪律性都比较差，尤其是在党支部开展的活动中常常找借口不参加，认为没多大用。批评别人时怕得罪人，民主测评相互都打满分，失去了测评本身的意义。而自我批评因为怕丢面子，常常找那些不痛不痒的问题、模糊性的问题，不认真反思自己的问题和不足。表现在工作和生活中，就是把市场经济的等价交换原则引入自己的工作生活中，坚持做事就要有物质回报和金钱回报，不能以党员的标准严格要求自己，缺乏共产党人应有的精神追求，宗旨意识淡漠。一些党员干部在多元

---

① 中共中央文献研究室编：《十六大以来重要文献选编》（上），中央文献出版社2005年版，第144页。

价值观的冲击下动摇了对马克思主义的信仰，对实现共产主义缺乏信心，放松了对世界观、人生观和价值观的改造。有的人不相信科学，信奉宗教甚至参与迷信活动，听信歪理邪说；有的人在大是大非问题上看不清方向，不敢坚持真理，只听信小道消息，不辨别是非正误；有的人只崇尚物质享受，不坚守艰苦朴素，纵情于声色犬马，把追求安逸和奢侈糜烂的生活作为唯一目标。

2. 部分党员干部工作推诿，责任心和事业心不强

部分党员干部工作不在状态，对公共利益和组织的前途命运漠不关心，整天浑浑噩噩，工作冲劲不足，干劲减退，安于现状，缺乏进取精神，缺乏起码的职业道德。他们推崇中庸思想，在工作中甘居中游，甘于平庸，不愿付出努力。在平时的工作中怕担当，按照上级的指令循规蹈矩地工作，领导让怎么做就怎么做；而对领导只说让做却未落实或明示具体步骤和责任人的，就拖延或者假装不知道。对日常工作中出现的新问题更是选择视而不见，该解决的不解决的，坐等领导安排。还有一部分领导肩负领导职责却不谋其政、不尽其责，当“太平官”，甚至是“懒官”“庸官”“昏官”。他们只对上级看得见的工作使劲做表面功夫，对于不易出彩的工作则以冷漠的态度对待，大搞面子工程，形式主义严重。更有甚者，工作消极、敷衍塞责、玩忽职守，遇到问题不想着自己该做什么，而是先想办法摆脱事件对自己的影响，以逃避的态度来对待新问题新工作，出了事先推卸责任，没有领导干部的担当。

3. 部分党组织精神涣散，缺乏号召力和凝聚力

部分党组织不仅不能在党组织内部营造健康的精神和思想导向，而且还致使党组织软弱涣散。一方面，他们认为共产主义的远大理想和最终目标是“镜花水月”，不敢理直气壮地坚持理论，甚至对马克思主义信仰和中国特色社会主义道路也产生了动摇，健康的社会主义文化和理论变成了高高在上的空洞话语，颓废的文化和思想则成了党组织的主要理念和精神。另一方面，缺乏战胜困难的勇气和集体精神。遇到挫折党组织不能从大局出发，而是绕道走。出了问题，有的领导不仅不勇于承担责任，而且还推诿和逃避责任，使整个组织没有凝聚力。组织层面精神懈怠不仅使正确的东西得不到应有的肯定，向上的风气得不到应有的褒扬，错误的言行得不到应有的纠正，不良的习气得不到及时的制止，造成歪风泛滥、良莠不分，正气难以伸张，党员信念淡漠，组织战斗意志和奋斗精神损失严重。缺乏号召力和凝聚力，不仅使党组织的领导核心作用明显削弱，而且还使党员党性观念淡薄、正义感退化，从而使党组织的领导核心和战斗堡垒作用也丧失殆尽。

（二）产生精神懈怠危险的原因

精神懈怠成为党在新形势下所面临的最大危险，是多方面因素共同导致的结果。

1. 封建意识和不良社会思潮冲击意识形态

一方面，一些党员干部受封建专制文化“官本位”“官老爷”的腐朽思想影响较深，这是“精神懈怠”产生的历史性因素。中国两千多年的封建社会盛行“官本位”文化，当官、保官、升官，一直是士人和仕人的价值追求。纵观当下，一些党员领导干部为了保住“官帽”，不去锐意改革，而为规避风险，只求“天下太平”，不思进取。另一方面，当代社会思潮内容庞杂、传播迅速、影响广泛。新自由主义、解构主义、消费主义、民粹思想等思潮泛滥，一些人缺乏马克思主义的理论准备，思想上受到冲击，忘记了初心和使命，个人主义、分散主义、自由主义、本位主义、好人主义成了潜规则。有的已经没有提拔重用希望的干部，工作缺乏动力，上班无精打采，做一天和尚撞一天钟；有的快要退休的领导干部，“抱着有权不用，过期作废”的心理，为自己谋后路做准备，放松对自己的要求，甚至以权谋私；有的在官场上、工作上、生活上失意的党员干部，不能正确对待个人的得失，不深刻反省个人主观能动性方面的欠缺，把所有的不满归咎于社会和党组织，看什么都不满意，而自己又不愿意为社会进步付出必要的努力。

2. 长期执政和和平环境的积弊弱化战斗意志

中国共产党执政70多年来，取得了举世瞩目的成绩，综合国力、人民生活水平大大提高。前所未有的执政成果，有利于我们增强“四个自信”。随着人民民主专政的日益巩固，全局性阶级斗争的消灭，没有了过去那种你死我活的残酷斗争，没有了大难临头的致命威胁，没有了刀枪相向的凶恶敌手，没有了逆水行舟的艰难处境，这就容易使今天的党组织和党员干部警惕的神经开始松弛，斗争的意识开始弱化，不再是靠昔日的奋发进取、努力创造来履行自己的职责，而是借助业已形成的工作惯性和思维定式去领导和工作，这就给精神懈怠以可乘之机。同时，长期执政带来长期相对和平的环境、积累丰富执政经验的同时，使一部分党员养成执政惰性、精神懈怠的恶习，习惯于过太平日子，习惯于四平八稳做事情。

改革开放以来，随着“中国速度”“中国经验”“中国道路”逐渐被世界认可，部分党员干部也滋生了对辉煌成就的“盛世心态”和“自满情绪”，认为不会再发生近代丧权辱国的事情，完全不需要再担心国家的发展，现在只需要享清福就可以了。还有某些干部到达职级年限或临近退休，认为自己升迁无望时，工作方面就开始敷衍了事，艰难险重“绕”着走。他们认为在成绩和胜利面前可以休息一会儿，在功劳簿上“打个盹儿”“眯一会儿”无关大局。就这样，艰苦奋斗和不骄不躁的优良作风在长期执政和和平环境下，逐渐被淡化甚至被践踏。另外，上级支持、同事支持、社会支持等人际关系的处理成为领导干部的重要工作职责，直接或间接影响了领导干部的精神状态。很多党员领导干部将精力都花在人际关系的琢磨和处理之中，好人主义和厚黑学盛行，拉关系、跑路子成了很多人处理问题的潜规则，这使得他们早已忘记了初心和使命，精神自然难以振作。

3. 自我修养不够和自身素质不高影响精神境界

因放弃学习而导致自我修养不够和自身素质不高，是“精神懈怠”产生的重要原因。

马克思主义学习型政党是中国共产党建设的重要目标之一，这就要求每个共产党员和党组织都必须高度重视习近平新时代中国特色社会主义理论和文化素养的学习，通过加强学习来提高修养、增强素质。但是部分党员干部却整天忙于应酬、陷于事务，热衷于高档酒楼、娱乐场所，对学习不闻不问。正如习近平总书记所指出的，有些党员干部“不注意学习，忙于事务，思想就容易僵化、庸俗化”，“陷入少知而迷、不知而盲、无知而乱的困境”。① 因为陷入“迷”“盲”“乱”的困境，这些党员干部就只会在吃喝玩乐、应酬接待中寻求所谓的心理平衡，而实质却是自己陷入深度精神懈怠之中而不觉了。一些人理想淡化，对马克思主义信仰不坚定，缺乏对中国特色社会主义的信心；一些人精神退化，缺乏远大理想，丧失了一个共产党员应有的政治品格；一些人思想理论水平不高，拿自己当普通群众对待，喜欢与普通群众比；一些人陶醉在鲜花和掌声中，放弃了学习。因此，最终因自我修养难以提升、自身素质不高，而影响了精神境界。

4. 党内政治生活不严肃和监督管理不到位削弱组织力量

党组织特别是党的基层组织具有培养和监督党员干部的重要职责，具有开展党内各项活动、组织学习等重要职能，是开展党内生活的重要组织。党组织政治生活严肃和监督管理到位，对培养党员的党性和宗旨意识、加强党员理想信念教育，增强组织的凝聚力和号召力具有重要意义。然而，当前很多基层党组织却未充分履行其职责，对党员缺少必要的教育，很少开展组织生活会，或只是流于形式，没有真正

---

① 习近平：《在中央党校建校 80 周年庆祝大会暨 2013 年春季学期开学典礼上的讲话（2013 年 3 月 1 日）》，《人民日报》2013 年 3 月 3 日。

起到教育党员的作用。日常的党内学习效果不佳，学习形式比较单一，学习仅仅是一人在讲，其他党员在下面听，很多党员对学习不重视，在下面玩手机，打瞌睡，党组织负责同志对这类现象也是睁一只眼闭一只眼，并没有对其进行强有力的约束和监督教育，学习成了例行公事。从党组织的监督管理上看，有的单位对干部的要求不高，管理不严，对队伍中存在的问题不敢出手去抓，宁可误事，不能伤和气，好人主义盛行，谁都不愿得罪人，致使党员干部缺少压力和硬约束，长期下来形成拖沓的不良习惯。监督机制不健全，对干部的评价一般化、模式化，监督管理存在缺失，导致上级监督太远，同级监督太软，下级监督太假，使一些党员干部有恃无恐。新疆维吾尔自治区绿化委员会原副主任彭振华在其忏悔录中写道：在和田工作的 6 年 4 个月，自己确实是没有得到经常监督和有效的监督。除了地委中心组学习，自己没有参加过什么党支部活动。除了每年年底集中统一的述职述廉和民主生活会，也没有向组织汇报过思想。他的话语中显示出党组织对党员干部个人监督不力，在忏悔录和警示录的梳理以及访谈中也发现，不止他一个人可以轻而易举地逃避组织的监督，这正是由于党组织对党员干部监督管理不严，党内生活原则性丧失，才使得部分党员干部逐渐产生精神懈怠。

（三）精神懈怠危险的危害

精神懈怠具有很强的传播性和感染性，如果不加以重视，局部问题可能很快会变成全局问题，不仅会损害党和政府的权威，更会像“温水煮青蛙”那样酿成难以预料的严重后果，给我们党的执政和中华民族的伟大复兴带来极大危险。

1. 降低工作效率和工作标准，危害党员干部精神和心理健康

党员干部精神懈怠最直接的危害就是降低工作效率和工作标准。精神懈怠的党员干部由于没有奋斗目标，缺少理想信念，认为工作仅仅是养家糊口的手段，因此生活和工作中得过且过，特别容易产生精神疲劳和心理抵触。刚上班就犯困，刚学习就疲惫，工作和学习效率极其低下。这些党员干部由于长期不学习、不思考，没有人生的追求和目标，导致心情低落，精神萎靡不振，每天浑浑噩噩，没有激情。更有甚者，表面上在工作中位高权重、生活中声色犬马，但在当前全面从严治党、深入反腐的形势下，每天提心吊胆，生活在煎熬之中，长期这样，也会产生焦虑、抑郁、神经衰弱等心理甚至精神问题，严重者导致自残、自杀。例如，曾担任昆明市官渡区关上镇镇长和昆明市副市长的官员李喜在忏悔书中提道：得知当初送自己 80 万元贿款的地产商老板被检察机关带走调查后，他焦急万分寝食难安，忧心忡忡，心神不宁，度过无数不眠之夜。但随后又开始“自我安慰”，在忏悔书中，李喜将自己当时的心态形容为“焦虑与幻想共存”“度日如年”。①

2. 破坏党与人民群众的关系，危害党和人民根本利益

习近平总书记在党的十九大报告中强调指出：“我们党来自人民、植根人民、服务人民，一旦脱离群众，就会失去生命力。加强作风建设，必须紧紧围绕保持党同人民群众的血肉联系，增强群众观念和群众感情，不断厚植党执政的群众基础。凡是群众反映强烈的问题都要严肃认真对待，凡是损害群众利益的行为都要坚决纠正。”然而，精神懈怠的党员干部在工作中消极怠工，精神处于麻木不清醒状态，不作为或者乱作为现象严重。对于和人民群众息息相关的日常事务处理起来拖拖拉拉、该为不为，对于责任重大的工作也是能拖则拖，留给下任，因此，必然给人民的生命财产安全造成重大损失。他们无视工作职责，本应深入实地检查的工作却耽搁或糊弄过去，或在检查过程中走马观花，不认真核查问题，或者该全面核查的只挑部分抽查，以虚假的报告充当自己的工作实绩，玩忽职守，失职渎职。正是这样的懈

① 《人生之路从“勤”到“纵”　命运轨迹由“喜”转“悲”》，中央纪委监察部网站，http：//www.ccdi.gov.cn/jdbg/chyjs/201607/t20160728_156133.html。

怠心理和行为，给不法企业创造了可乘之机，部分违反党纪国法的党员干部会收取企业的好处，而给他们提供便利，严重损害党和人民的利益。近年来，多起因相关机构公职人员监管不力造成的安全事故给人民生命财产安全带来极大损害。从伤及人数最广的三鹿奶粉到山西王家岭矿难再到天津滨海新区爆炸事故，从青岛输油管爆炸到昆山中荣金属制品有限公司工厂爆炸，这些事件伤及群众数千万，甚至牵连更多的人伤心难过。若是相关部门严格监管，这些王家岭矿的工人也不会因此丧生。2015 年发生的滨海新区爆炸事故，事故调查组认定，瑞海公司严重违反有关法律法规，该公司存在违法建设危险货物堆场、违法经营等问题，同时，也认定有关地方党委、政府和部门存在有法不依、执法不严、监管不力、履职不到位等问题。[①] 可见精神懈怠的危害不可低估。

3. 影响党的自身建设发展，危害党和党员干部先进性和纯洁性

中国共产党之所以能够从小到大、从弱到强，从局部执政再到长期执政，领导人民取得革命、建设和改革的伟大胜利，就是因为中国共产党始终保持着自身的先进性和纯洁性，从而产生了强大的创造力、凝聚力和战斗力。可见，先进性和纯洁性使党在革命性锻造中更加坚强，焕发出新的强大生机活力，为党和国家事业发展提供了坚强政治保证。然而，党的先进性和纯洁性需要通过高素质的党员干部来体现。每个党员呈现出来的精神状态和面貌能折射出一个党的整体状态；每个党员干部在工作中代表党、代表国家来办公，其自身的形象是党的形象的具体缩影。每个党员干部都必须具有奋发有为、不断进取、艰苦奋斗的精神，而精神懈怠的党员干部只会给党的形象带来消极影响，影响党的自身建设发展。然而部分党员干部精神懈怠，不能发挥先锋模范作用，理想信念缺失，淡忘党的宗旨，事业心和责任感不强、思

① 参见本刊编辑部：《天津港“8·12”瑞海公司危险品仓库特别重大火灾爆炸事故原因调查及防范措施》，《中国应急管理》2016 年第 2 期。

想作风不端正、工作作风不扎实、脱离群众，不能廉洁从政甚至以权谋私、腐败堕落严重，严重影响了党的形象，影响了党员队伍的纯洁性，弱化了党的先进性。

4. 贻误国家的长久发展，危害党和政府领导力和公信力

中国共产党的领导核心是坚持和发展中国特色社会主义。当前，中国共产党正领导中国人民奋力决胜全面建成小康社会、夺取新时代中国特色社会主义伟大胜利、实现中华民族伟大复兴。为了完成这一艰巨的历史使命，全党必须统一意志、统一行动、统一步伐，团结和组织群众，毫不懈怠地一往无前。因此，习近平总书记在党的十九大报告中强调指出："我们党要团结带领人民有效应对重大挑战、抵御重大风险、克服重大阻力、解决重大矛盾，必须进行具有许多新的历史特点的伟大斗争，任何贪图享受、消极懈怠、回避矛盾的思想和行为都是错误的。"然而，部分党员干部精神懈怠，贻误国家的事业发展，危害党和政府领导力和公信力。在经济建设上，党员干部精神懈怠就会错失许多发展经济的良机，就给党和国家带来严重的经济损失；在政治建设中，党员干部精神懈怠，就容易滋长个人专断，从而不能充分地发展社会主义民主；在文化建设中，由于精神懈怠，不敢理直气壮地宣传共产主义理想信念；在社会建设中，党员干部精神懈怠，就不能牢牢把握社会发展动态，就会与社会发展脱节，社会治理能力弱化；在生态文明建设中，党员干部精神懈怠，就很难树立尊重自然、顺应自然、保护自然的生态文明理念。不管经济建设、政治建设、文化建设、社会建设，还是生态文明建设，人都是决定性的因素。如果人本身精神懈怠，无疑会贻误"五位一体"总体布局，从而对中国特色社会主义事业的发展带来巨大的危害。例如，毒疫苗事件，虚假医疗广告付费搜索事件中暴露出来的部分互联网企业违法经营以及少数医院的虚假广告等问题，都清楚地表明相应政府部门的监管不到位。而这些监管工作又都是有相应部门的党员干部负责的，正是这种不作为、玩忽职守的党员干部才导致监管缺位。还有层出不穷的食品安全问题、环境污染问题、乱收费问题，让老百姓对政府部门的公信力产生怀疑。这些严重危害党和政府领导力、公信力的事件归结到底，部分党员干部精神懈怠是重要原因。

二、能力不足危险的尖锐性和严峻性

党的十九大以来，中国特色社会主义事业进入新时代。国际国内的新形势、新任务、新要求，对党的执政能力提出了重大挑战和考验。面临新的挑战和考验，必须从党和国家长治久安的高度，深刻认识能力不足危险的尖锐性和严峻性，进一步加强党的执政能力建设，加强党员干部的能力、素质、本领的提高。

（一）能力不足危险的内涵和表现

能力不足是指一些党员干部的能力和素质同党肩负的历史使命不相适应，或难以胜任，或力不从心。有的喜欢讲空洞的道理，做不到理论联系实际；有的适应能力差，老情况老问题可以应付，新情况新问题难以应对，常规工作可以完成，突发事件难以掌控，简单局面勉强支撑，复杂局面难以驾驭；有的创新能力差，新的社会矛盾找不到解决之道，新的社会症结找不到疏通之道，新的社会关系找不到协调之道，新的社会趋势找不到引导之道。还存在干部不会与群众“说话”的情况，实际上也就是不会“做事”，其根本原因就是能力不足。当前，能力不足危险主要表现在以下三个方面。

1. 政治能力不足

习近平总书记强调指出：“在领导干部的所有能力中，政治能力是第一位的。大家都担任领导职务，负责一方面工作，必须做到观察分析形势要把握政治因素，筹划推动工作要落实政治要求，处理解决问题要防范政治风险。要自觉尊崇党章、模范践行党章、忠诚捍卫党章，严格执行新形势下党内政治生活若干准则，坚决杜绝‘七个有之’，做到‘五个必须’，严格执行民主集中制，在守纪律、讲规矩上作表率，自觉做政治上的明白人、老实人，绝不做两面派、两面人。”[①] 党的十八大以来，以习近平同志为核心的党中央高度重视广大党员干部特别是领导干部能力不足的问题。但是，应该清醒地看到，当前领导干部的政治能力还存在着诸多问题，例如：有的领导干部理想信念薄弱，看不清政治方向和发展大势；有的领导干部政治立场动摇，在大是大非面前态度暧昧；有的领导干部政治担当缺失，缺乏斗争精神和创新能力。

2. 发展创新能力不足

2018 年 11 月 26 日，习近平总书记在十九届中央政治局第十次集体学习时强调指出：“以德为先，不是说只看德就够了，还得有过硬本领。当前，干部队伍能力不足、‘本领恐慌’问题是比较突出的。比如，在纷繁复杂的形势变化面前，耳不聪、目不明，看不清发展趋势，察不出蕴藏其中的机遇和挑战；贯彻新发展理念、推进供给侧结构性改革，找不到有效管用的好思路好办法；面对信息化不断发展，不懂网络规律、走不好网上群众路线、管不好网络阵地，被网络舆论牵着鼻子走，等等。”[②] 这些问题说到底，是有干事的想法没干事的能力，运用习近平新时代中国特色社会主义理论来指导实践的能力不足，实际工作能力与所担负的使命任务对能力的要求有较大差距。这些都是发展创新能力不足的典型表现。

3. 学习能力不足

习近平总书记语重心长地对广大领导干部指出：“学习的最大敌人是自我满足，要学有所成，就必须永不自满。现在，有的党员、干部

---

① 习近平：《推进党的建设新的伟大工程要一以贯之》，《求是》2019 年第 19 期。

② 习近平：《努力造就一支忠诚干净担当的高素质干部队伍》，《求是》2019 年第 2 期。

对理论学习不重视，把自学变不学；有的想起来就学一学，三天打鱼、两天晒网；有的拿学习来装门面，浅尝辄止、不求甚解；有的学习碎片化、随意化，感兴趣的就学、不感兴趣的就不学；不少年轻干部理论功底还不扎实、理想信念还不够坚定。”[①] 可见，无论是政治能力还是发展创新能力，都需要通过学习才能提高。但是，有的领导干部缺乏忧患意识，骄傲自满，躺在功劳簿上睡大觉，骄奢淫逸，不思进取，忽视了政治能力的学习；有的领导保守封闭、思想僵化、无意创新，不认真学习新理论，不用心汲取新知识，不深入思考新问题，满足现状、满足于眼前的成绩，沉溺于过去的辉煌，不愿再进行艰苦创新的学习努力。没有学习能力的领导干部不是合格的领导干部，没有学习能力的领导干部一旦持续增多，必然会影响和制约党的执政能力的提高，影响和制约推进“五位一体”总体布局和“四个全面”战略布局等各项工作。

（二）产生能力不足危险的原因

清醒认识能力不足的原因很有必要。过去，处于内忧外患的战争年代，由于清醒认识到解决能力不足、本领恐慌的问题，我们党不断加强能力建设，为夺取革命的胜利创造了条件。今天，面对错综复杂的国际国内形势，为了实现全面建成小康社会的宏伟目标，实现中华民族伟大复兴的中国梦，我们党同样需要清醒认识能力不足危险的产生原因，以确保持续不断地提升能力建设。

产生能力不足危险的原因，主要有以下四个方面。

1. 自我满足，浅尝辄止

习近平总书记强调指出：“我们正在从事的中国特色社会主义事业是伟大而波澜壮阔的，是前人没有做过的。因此，我们的学习应该是

① 习近平：《在“不忘初心、牢记使命”主题教育总结大会上的讲话》，《求是》2020 年第 13 期。

全面的、系统的、富有探索精神的，既要抓住学习重点，也要注意拓展学习领域；既要向书本学习，也要向实践学习；既要向人民群众学习，向专家学者学习，也要向国外有益经验学习。学习有理论知识的学习，也有实践知识的学习。”① 习近平总书记之所以反复强调学习的重要性，就是看到了存在于部分领导干部身上的问题。有的领导干部自我满足、不想学习，业务学习打瞌睡，“人在曹营心在汉”；有的领导干部不愿学习、浅尝辄止，以为自己升迁到了某个职务，自然就具备相应的知识和能力，用公费买来的大部头书籍装点办公室，实际基本没翻过。这样下去，最终的结果，只能是害人、害己、耽误工作。学习是提高自身能力最基础的途径。随着人类社会进入信息时代，新知识与日俱增，新形势瞬息万变，新理论与时俱进，没有如饥似渴的学习，就没有办法实现能力的提升，就会产生能力不足的危险。

2. 缺少实践，纸上谈兵

习近平总书记多次强调学习与实践的结合对于提高能力的重要性，他指出：“学习的目的全在于运用。领导干部加强学习，根本目的是增强工作本领、提高解决实际问题的水平。‘空谈误国，实干兴邦’，说的就是反对学习和工作中的‘空对空’。战国赵括‘纸上谈兵’、两晋学士‘虚谈废务’的历史教训大家都要引为鉴戒。”②

从新民主主义革命胜利到社会主义建设，从改革开放起步到全面建成小康社会、实现中华民族伟大复兴，我们党在每个历史时期的工作任务和重点各不相同，但对发展中国特色社会主义的坚定决心和不懈追求从未中断，始终沿着中国特色社会主义道路不断探索实践。有的领导干部看似学习得很扎实、很辛苦，理论书籍、报纸刊物看了不少，读书笔记也写了一本又一本，但却仅仅满足于上级检查时有材料，

---

① 习近平：《习近平在中央党校建校80周年庆祝大会暨2013年春季学期开学典礼上的讲话（2013年3月1日）》，《人民日报》2013年3月3日。

② 习近平：《习近平在中央党校建校80周年庆祝大会暨2013年春季学期开学典礼上的讲话（2013年3月1日）》，《人民日报》2013年3月3日。

并没有真的把书本上的理论知识与自己的工作实践相结合，导致学“傻”、学“呆”了，在丰富的实践面前，没有做好实现经济、政治、文化、社会、生态等各领域深化改革、协调发展的能力储备，导致在实践考验的面前退缩了。由于实践锻炼不够，许多领导干部“理论精通、实践虚空”，导致经验缺乏、思想僵化，遇见问题不知所措，满足于按书本上的教条和以往的经验办事，缺少对尖锐的现实问题和矛盾的研究与思考。可见，提高本领不仅要向书本学习，更要向实践学习。

3. 惧怕创新，因循守旧

习近平总书记非常重视领导干部的创新意识，曾刊文指出：在社会发展的进程中，我们不能因循守旧，刻舟求剑，必须勇立潮头，敢为人先，以创新的精神永葆党的生机和活力。面对新挑战、新机遇和新形势、新任务，我们要坚持和发扬“红船精神”，有敢于突破前人的勇气和智慧，自觉克服安于现状、不思进取的思想观念，坚持用创新的理论成果武装头脑，用创新的思想观念谋划工作，紧紧扭住发展不放松，与时俱进，开拓创新，不断推进建设中国特色社会主义的伟大事业。但是，有的领导干部并没有做到通过不断提高创新意识、不断加强实践创新来提高自身能力素质。一些领导干部在党的成就面前，开始盲目乐观、自我膨胀，没有做好开拓创新的心理准备，缺乏积极进取的精神动力，对工作缺乏前瞻性、战略性思考，不熟悉情况，遇到问题或突发事件不知所措，缺乏创造性开展工作的能力；一些党员干部认为创新既费时又费力，只看短期的付出和收获，却看不到长远的利益，不愿动脑子，不愿意付出精力去搞创新。正是由于创新意识不足，所以出现了创新方法不足、创新项目不多、创新质量不高等现象，导致这些领导干部不能紧跟时代发展的步伐，不能有效解决阻碍新时代发展的突出问题和矛盾。可见，惧怕创新、因循守旧是能力不足和本领恐慌的关键原因。

4. 远离群众，故步自封

习近平总书记在党的十九大报告中强调指出：“人民是历史的创造

者，是决定党和国家前途命运的根本力量。”党领导人民进行革命、建设、改革的伟大胜利证明，人民群众是我们力量的源泉，只有紧密联系群众，深入人民群众之中，才能不断提高工作能力。全党深入开展的“不忘初心、牢记使命”主题教育活动，是新时代下弘扬党的优良传统、保持党同人民群众血肉联系的重要举措，更是对党员特别是各级领导干部领导能力的新要求，同时也反映出当前部分领导干部在这方面存在很大不足。有的领导干部平时坐在办公室，不闻窗外事，不愿深入基层、深入一线、深入群众，习惯开会听汇报，对本地区本部门发展状况如何、老百姓最关心最敏感的问题是什么、阻碍深化改革的重点难点在哪里都不甚掌握，既不了解社会的现实状况，也不了解工作的实际情况，只会按照思维中固有的感觉去执行，用陈旧的办法去解决，对上报喜不报忧，上级安排做什么就做什么，不管不顾不报工作中的实际问题，群众不满意，上级更不满意，造成了工作上的极大被动。

（三）能力不足危险的危害

党的十九大报告中强调：“行百里者半九十。中华民族伟大复兴，绝不是轻轻松松、敲锣打鼓就能实现的。全党必须准备付出更为艰巨、更为艰苦的努力。”当前，国内外、党内外形势发生深刻变化，面对实现推进现代化建设、完成祖国统一、维护世界和平与促进共同发展三大历史任务，一部分领导干部或难以胜任，或力不从心，能力不足的问题比较突出，如果不加以解决，很可能对决胜全面建成小康社会、夺取新时代中国特色社会主义伟大胜利、实现中华民族伟大复兴的中国梦、实现人民对美好生活的向往造成严重危害。

1. 能力不足影响党的执政地位

从世界其他政党的教训来看，由于能力不足最终导致政权丧失的例子屡见不鲜。20 世纪 80 年代末 90 年代初，东欧剧变、苏联解体，共产党在10个社会主义国家失去了政权。苏联共产党是一个拥有88年历史、2000万党员的大党、老党，在一夜之间解散了。世纪之交，拥有3600万党员、执政32年的印尼专业集团和拥有1060万党员、驰骋墨西哥政坛71年的革命制度党先后下野。① 历史昭示未来，国外这些老党、大党之所以会从蓬勃发展走向惨重失败，丧失执政地位，说到底，就是因为执政能力不足，导致执政地位不保。改革开放以来，特别是21世纪的20年以来，我们党取得了一系列重大成就，执政地位更加巩固，国际社会对我们党刮目相看，就在于我们党政治过硬，本领高强。放眼未来，我们党要长期执政，就必须继续高度重视领导干部能力问题。如果领导干部的能力不足，就无法保持先进的领导水平和执政水平，势必会影响到我们党实现“两个一百年”奋斗目标的重大任务，影响到实现社会主义现代化和中华民族伟大复兴，影响到党的领导地位和执政地位。

2. 能力不足影响国家的长治久安

习近平总书记在就《中共中央关于坚持和完善中国特色社会主义制度、推进国家治理体系和治理能力现代化若干重大问题的决定》起草情况作说明时指出：“当今世界正经历百年未有之大变局，国际形势复杂多变，改革发展稳定、内政外交国防、治党治国治军各方面任务之繁重前所未有，我们面临的风险挑战之严峻前所未有。”如果领导干部的能力不足，遭遇重大风险和挑战时就不可能运筹帷幄，处理突发事件和突出问题时必将手足无措、心有余而力不足。正如党的十九大报告中所指出的：“我们党要团结带领人民有效应对重大挑战、抵御重大风险、克服重大阻力、解决重大矛盾，必须进行具有许多新的历史特点的伟大斗争，任何贪图享受、消极懈怠、回避矛盾的思想和行为都是错误的。”

---

① 参见汪祁：《从中西政党执政资源比较看加强党的长期执政能力建设》，《领导科学论坛》2019年第9期。

3. 能力不足影响人民的支持信任

习近平总书记在党的十九届四中全会第二次全体会议上强调指出："始终代表最广大人民根本利益，保证人民当家作主，体现人民共同意志，维护人民合法权益，是我国国家制度和国家治理体系的本质属性，也是我国国家制度和国家治理体系有效运行、充满活力的根本所在。"[①] 可见，党的执政地位和国家的长治久安，要靠广大领导干部深入群众，为群众办实事、办好事。领导干部有能力，不是因为他们比群众聪明，而是因为密切联系群众，坚持一切为了人民群众、一切依靠人民群众，真诚求教问计于群众，恭恭敬敬拜群众为师。这样才能在实践中创新工作方法，克服各种困难，始终保持党的新鲜活力，始终保持党的先进性。如果广大领导干部能力不足，无法维护人民群众的切身利益，无法带领广大人民群众实现全面建成小康社会的目标，就无法赢得人民群众的支持和信任，进而危害到党的执政地位和国家的长治久安。

三、脱离群众危险的尖锐性和严峻性

"四大危险"中，脱离群众危险是我们党执政后的最大危险，也是新时代坚定不移全面从严治党必须着力解决的重大问题。为什么说脱离群众危险是我们党执政后的最大危险？这是因为它严重削弱密切联系群众这一我们党的最大政治优势，严重违背我们党的性质和宗旨。习近平总书记指出，只有回看走过的路、比较别人的路、远眺前行的路，弄清楚我们从哪儿来、往哪儿去，很多问题才能看得深、把得准。在新时代克服脱离群众危险，我们必须要有这样宏阔的视野、深邃的目光。

---

① 习近平：《坚持和完善中国特色社会主义制度推进国家治理体系和治理能力现代化》，《求是》2020 年第 1 期。

（一）脱离群众危险的内涵和表现

群众路线是中国共产党指导思想之一毛泽东思想的基本组成部分，也是毛泽东思想“活的灵魂”的三个基本方面之一。1944 年，毛泽东同志在《为人民服务》中言简意赅地指出了我们党的性质和宗旨：“我们的共产党和共产党所领导的八路军、新四军，是革命的队伍。我们这个队伍完全是为着解放人民的，是彻底地为人民的利益工作的。”① 1945 年，毛泽东在党的七大政治报告中又深刻阐明了党与人民群众应该是什么样的关系。他指出：“我们共产党人区别于其他任何政党的又一个显著的标志，就是和最广大的人民群众取得最密切的联系。全心全意地为人民服务，一刻也不脱离群众；一切从人民的利益出发，而不是从个人或小集团的利益出发；向人民负责和向党的领导机关负责的一致性；这些就是我们的出发点。”② 党的十八大后，以习近平同志为核心的党中央把加强党同人民群众的血肉联系摆在突出位置，先后开展了党的群众路线教育实践活动、“三严三实”专题教育、“两学一做”学习教育、“不忘初心、牢记使命”主题教育。这些学习教育活动无不包含着密切联系人民群众的要求，更加凸显了密切联系群众对我们党的重要意义。

实践证明，一个政党，一个政权，其前途命运取决于人心向背。习近平总书记在党的十九大报告中强调：“我们党来自人民、植根人民、服务人民，一旦脱离群众，就会失去生命力。”我们党的最大政治优势是密切联系群众，党执政后的最大危险是脱离群众。脱离群众危险具体表现在以下四个方面。

1. 思想脱离群众

习近平总书记在党的群众路线教育实践活动总结大会上强调指出：

---

① 《毛泽东选集》第 3 卷，人民出版社 1991 年版，第 1004 页。

② 《毛泽东选集》第 3 卷，人民出版社 1991 年版，第 1094—1095 页。

“必须相信群众、敞开大门。‘知屋漏者在宇下，知政失者在草野。’让群众满意是我们党做好一切工作的价值取向和根本标准，群众意见是一把最好的尺子。”① 思想是行为的先导，思想端正才能行为端正。部分领导干部首先从思想意识上就没有牢固树立群众观点，没有站稳群众立场，自然就无法自觉坚持和贯彻党的群众路线。有的领导干部封建意识浓厚，官僚主义泛滥，官本位思想严重、权力观扭曲，认为自己高人一等，做官就是要当老爷，就是要高高在上。他们从思想上就已脱离群众，脱离实际，势必造成干群关系、党群关系紧张和对立，生活上、感情上、工作上更是会离群众越来越远。

2. 生活脱离群众

大部分领导干部都出身于普通老百姓的家庭，能走上领导岗位，既有个人的努力奋斗，也有组织的关心培养，更有父老乡亲的鼎力支持。但是，我们有的领导干部走上领导岗位后，就忘记了自己的出身，生活上比排场、比阔气、比关系，声色犬马，贪图享受，腐化堕落，试图来补偿自己早年的辛苦，全然不顾人民群众的期盼和利益。正如习近平总书记在河北调研指导党的群众路线教育实践活动时痛心疾首的指出：“有些领导干部爱忆苦思甜，口头上说是穷苦家庭出身，是党和人民培养了自己，但言行不一，心里想的是自己当上官了，终于可以扬眉吐气了，要好好享受一下当官的尊荣，摆起官架子来比谁都大。”② 一旦从生活上脱离群众，感情上自然不会亲近群众，工作上更不会把群众放在第一位，干群关系势必形同水火。

3. 感情脱离群众

习近平总书记在党的群众路线教育实践活动总结大会上强调指出：“群众的很多想法，往往不是在那些很正式的场合、当着很多人的面会

① 习近平：《在党的群众路线教育实践活动总结大会上的讲话》，《人民日报》2014 年 10 月 9 日。

② 中共中央文献研究室编：《习近平关于全面从严治党论述摘编》，中央文献出版社 2016 年版，第 154 页。

讲出来的，而是要同他们身挨身坐、心贴心聊才能听得到。各级干部要多沉下身子、走近群众，就从严治党问题多向群众请教。”[①] 然而，部分领导干部忘记了总书记的嘱托，“官本位”思想严重，媚上欺下，唯上是从、唯上是举。不是把人民群众看成承载自己事业之舟遨游的水，而是把人民群众看成对立面。总抱怨群众素质低、水平差、认识浅薄，却没有从自己已经游离于群众之外这点上找根源。以贵州瓮安事件为例，这件事在当年引起了海内外的强烈关注，诸多的猜疑、流言纷飞，并未因当地政府的一些表态就偃旗息鼓。群体性事件的发生，有时是突然引发的，有时则长期埋藏着导火索，但无一不和当地某些领导干部从内心上就认为自己身居高位，心里只有权力没有群众，已经从感情上脱离了群众有着密切关系。

4. 工作脱离群众

习近平总书记强调要拜人民为师、向人民学习，“放下架子、扑下身子，接地气、通下情，既到工作局面好和先进的地方去总结经验，又到群众意见多的地方去，到工作做得差的地方去，到困难较多、情况复杂、矛盾尖锐的地方去调查研究，真正把功夫下到察实情、出实招、办实事、求实效上”。[②] 可见，要想做好工作就必须深入群众，依靠群众做工作，为了群众做工作。但是，有的领导干部对群众所思、所想、所盼不闻不问，心里没有群众，对群众关心的热点难点问题绕道而行。有的领导干部习惯工作高高在上，以至官气十足，动辄欺上瞒下，专横跋扈；有的领导干部把权力当作谋取私利的工具，把“官位”当作颐指气使的资本，把工作当作对人民群众的施舍，视个人利益高于一切，利欲熏心，见到利益就伸手，见到群众绕道走，群众观念淡漠。这就造成工作中没有从人民群众的实际利益和实际需求出发，

① 习近平：《在党的群众路线教育实践活动总结大会上的讲话》，人民出版社 2014 年版，第 28 页。

② 习近平：《推进党的建设新的伟大工程要一以贯之》，《求是》2019 年第 19 期。

只摆谱不调研，只做秀不做事，导致干群关系、党群关系疏离，甚至与人民群众离心离德。

（二）产生脱离群众危险的原因

从1921年中国共产党成立至今，我们党的全部实践活动，归根结底就是为了人民的利益，为中国人民谋幸福，为中华民族谋复兴，这使我们党始终同人民群众保持着血肉联系。在战火纷飞的革命时期，人民群众明明知道闹革命要流血、会没命，但仍然义无反顾跟党走。在社会主义建设和改革时期，我们党更是紧紧依靠人民群众，一切为了人民群众，搞建设，谋发展。现在党和国家的建设走进了新时代，我们在进行伟大斗争、建设伟大工程、推进伟大事业、实现伟大梦想的丰富实践中，却有部分党员干部忘记了党的优良传统，严重脱离群众。那么，这一危险是哪些原因造成的呢？

1. 人民公仆意识弱化

领导干部是人民群众的公仆，正确对待人民的声音，尊重人民的意愿，维护人民的利益，是领导干部公仆意识的本质体现，是密切党群干群关系的重要保证。然而，某些领导干部心中“官本位”思想阴魂不散，根深蒂固，对权力来自人民又有脱离人民倾向缺乏足够的警惕。特别是个别领导干部把党的利益与群众的利益对立起来，认为为党工作与为人民服务不是一回事。许多地方政府的投资项目动辄上亿，却为何不得民心，甚至演变成震惊全国的群体性事件？其答案在于没有听取当地人民的声音，没有尊重当地人民的意愿抓发展，从而走到人民群众的对立面，彻底脱离了群众。

2. 权力观政绩观倒置

一些领导干部偏离马克思主义群众观点，一味强调领导的作用，淡化群众的价值；对领导的成绩连篇累牍，对群众的奋斗惜墨如金；过分细数“能人”的功劳，忽略百姓的贡献。他们思想上存在“饭碗靠自己考，帽子靠领导给”的权力观，对权力是谁给的认识不清，觉得个人升迁与群众公认毫不相干，领导的意见则举足轻重。另外，群众监督的效力远远小于权力监督，使一些领导干部产生是否联系群众、服务群众无关紧要的错觉，导致他们失去联系群众、服务群众的动力和压力。比如，原陕西省委书记赵正永把权力私有化，公器私用，忘乎所以，玩忽职守，利用权力为他人谋取利益，非法收受他人财物为自己谋利，完全忽略了人民，最后必将受到党纪国法的严厉处理。

3. 革命理想信念动摇

一些领导干部丧失了革命战争年代的理想信念，不是把人民群众当靠山而是当负担，导致有的领导干部为转移矛盾、推卸责任，以偏概全、以瑕掩瑜、矮化丑化甚至妖魔化群众。比如把“等靠要”的大帽子往群众头上扣，片面夸大群体事件中个别群众的负面作用和过激行为；将某些封建迷信色彩的东西强加给一个地区的群众；把群众对官僚主义的不满歪曲为敌对势力的攻击，致使一些缺乏政治头脑的同志害怕反映问题的群众，尤其是“老少边穷”地区的群众，因怕而最终脱离了群众。

4. 联系群众能力不足

一些领导干部由于缺乏联系群众的间接经验和直接经验，对群众工作心有余而力不足。习近平总书记曾经这样描述一些干部：“与新社会群体说话，说不上去；与困难群众说话，说不下去；与青年学生说话，说不进去；与老同志说话，给顶了回去。”① 甚至搞“通不通三分钟，再不通龙卷风”，压制群众意见。他们或隔之以车窗，或身处于办公室，群众的声音被形式主义、官僚主义挡住了，严重导致联系群众不足。

---

① 习近平：《干在实处走在前列——推进浙江新发展的思考与实践》，中共中央党校出版社2016年版，第419页。

（三）脱离群众危险的危害

脱离群众，危害甚大，这不仅是总结我们党的历史得出的真理性认识，也是审视古今中外历史得出的规律性认识。唐代诗人杜牧在《阿房宫赋》中表达了他的深刻见解："灭六国者，六国也，非秦也。族秦者，秦也，非天下也。""秦人不暇自哀，而后人哀之；后人哀之而不鉴之，亦使后人而复哀后人也。"杜牧感叹历代王朝为何总是无法逃脱"其兴也勃焉，其亡也忽焉"的历史周期律。其实，在历史唯物主义者看来，是因为这些统治者根本就不能代表人民群众，而是站在人民群众的对立面残酷剥削和压迫人民群众，因而必然是要失败的，注定要被历史所抛弃。

1. 脱离群众违背了党的性质和宗旨

中国共产党是中国工人阶级的先锋队，同时也是中国人民和中华民族的先锋队。党的性质决定了党的宗旨必须是全心全意为人民服务，决定了中国共产党必须要保持同人民群众利益一致。习近平总书记指出，坚持群众路线，就要坚持全心全意为人民服务的根本宗旨。"政之所兴在顺民心，政之所废在逆民心。"全心全意为人民服务，是我们党一切行动的根本出发点和落脚点，是我们党区别于其他一切政党的根本标志。因此，全体共产党员必须时刻谨记党的群众立场，保持党的先进性，避免脱离群众的危险。目前，我们应该肯定的是全体党员时刻牢记着党的性质和宗旨，与群众保持着密切的联系。但是，随着我国世情、国情、党情的发展变化，不少党的领导干部队伍中存在脱离群众的倾向，这不仅损害了党群关系的和谐，同时也违背了党的性质和宗旨。

2. 脱离群众会导致党失去执政基础

古人说得好，"水能载舟，亦能覆舟""皮之不存，毛将焉附"。千险万险，都不如脱离群众最危险。脱离群众的直接后果，就是官僚主义盛行，轻则影响决策的科学性，重则会动摇党的执政基础。如果我们党始终同人民群众保持密切联系，群众就会站在党一边，党就有了力量之源；反之，党如果失去群众支持，就会失去赖以生存的基础，就会有垮台之虞。回顾和分析世界上一些社会主义国家大党、老党的失败，原因固然很复杂，但根本原因就是严重脱离人民群众，最为典型的例子就是苏共垮台。1991 年时，尽管苏联的综合国力有所削弱，但其军事力量仍可与美国相匹敌，经济实力也强过多数发达国家。虽然苏联国内存在民族矛盾，但还不足以使其分崩离析。然而，苏联这个超级大国还是解体了，苏共这个大党还是垮台了。现在分析苏联解体，我们可以看得更加清楚，根本原因就是严重脱离人民群众、得不到人民群众的支持。有两组数据特别令人警醒：一是 1990 年苏联报刊曾以“苏共代表谁”为题在部分群众中进行问卷调查，统计结果显示：认为苏共代表劳动人民的只占 7%，认为代表工人的只占 4%，认为代表全体党员的只占 11%。二是苏共拥有 20 万党员时夺取了政权，拥有 200 万党员时打败了德国法西斯，而拥有 2000 万党员时却失去了政权。① 我们常说，基础不牢，地动山摇。严重脱离人民群众，得不到人民群众支持，必然要动摇共产党的执政基础，最终是要失败的。东欧剧变、苏联解体就是逃脱不了这个历史逻辑的有力佐证。这些历史教训应引以为戒。

3. 脱离群众会影响中国特色社会主义建设的进程

党的十九大报告指出：“中国特色社会主义是改革开放以来党的全部理论和实践的主题，是党和人民历尽千辛万苦、付出巨大代价取得的根本成就。”建设中国特色社会主义的宏伟奋斗目标，离开了人民支持就绝对无法实现。我们党的执政水平和执政成效都不是由自己说了算，必须而且只能由人民来评判，人民是我们党的工作的最高裁决者

① 参见肖枫：《苏联解体二十周年》，《当代世界社会主义问题》2011 年第 3 期。

和最终评判者。一些领导干部不从实际出发、不按规律办事、不讲民主，只对上级领导负责、不对基层群众负责，官僚主义的滋生蔓延，妨碍了党的方针政策的贯彻落实，影响了国家政权机关的工作效率，不同程度地损害了人民群众的利益，损害了党与人民群众的血肉联系，更会阻碍中国特色社会主义的建设事业。因此，必须坚持人民主体地位，坚持立党为公、执政为民，践行全心全意为人民服务的根本宗旨，把党的群众路线贯彻到治国理政全部活动之中，把人民对美好生活的向往作为奋斗目标，依靠人民创造历史伟业。只有这样，我们党才能形成号召力、凝聚力、战斗力，我们的中国特色社会主义伟大事业才能无往而不胜。

回首来时路，我们党始终与人民同呼吸、共命运、心连心，保持着马克思主义政党的本色。新时代，我们只有深入学习贯彻习近平新时代中国特色社会主义思想，始终坚持以人民为中心，才能克服脱离群众危险，保持党的性质宗旨，增强党的执政基础，夺取新时代中国特色社会主义伟大胜利，实现中华民族伟大复兴的中国梦。

四、消极腐败危险的尖锐性和严峻性

党的十九大报告指出：人民群众最痛恨腐败现象，腐败是我们党面临的最大威胁。当前，随着党的十八大以来坚持反腐败无禁区、全覆盖、零容忍，坚定不移“打虎”“拍蝇”“猎狐”，不敢腐的目标初步实现，不能腐的笼子越扎越牢，不想腐的堤坝正在构筑，反腐败斗争压倒性态势已经形成并巩固发展。但是，我们也要清醒地看到，消极腐败现象在某些领域却依然泛滥，形式主义、官僚主义屡禁不止，反腐败斗争形势依然严峻复杂。

（一）消极腐败危险的内涵和表现

目前，“消极腐败”特指“与贪污、盗窃、行贿、受贿、买卖官职等严重腐败，或腐败犯罪行为相区别，因主体积极或消极作为而导致的权力偏离公共职权轨道，貌似不良作风的权力变异现象”。[①] 具体而言，是指领导干部行为不端，作风不正，极大地损害党和政府在人民群众中的影响力和公信力的行为，但在法律法规和党纪政纪中没有明确规定或者没有明确规定惩处档次的各种腐败行为的总称。少数党员干部经不起考验，理想信念淡漠、漠视群众利益、贪图享乐、谋求特权，产生了形式主义、官僚主义、享乐主义、好人主义四大消极腐败现象。

1. 形式主义

形式主义的思想根源和哲学基础是唯心主义和形而上学，意指片面地注重形式而不管实际的工作，或只看事物的现象而不分析其本质的思想方法，它的理论和实践都置内容于不顾。形式主义思想的盛行使官员只注重表面形式而不注重实际的工作内容。在形式主义作风思想的引导下，官员没有将工作重点落到实处，一般号召多，具体指导少；会议、文件多，亲自深入实际少；检查评比多，帮扶培养少；提出要求多，解决实际问题少。形式主义在基层党风的表现为满足于保安全、不出事，畏难于谋发展、打基础，习惯于对上级指示照抄照转，缺乏针对实际解决问题的行动；做表面文章，弄虚作假，报喜藏忧。[②] 有例为证。2019 年 3 月 13 日至 18 日，西安市未央区政府教育督学张胜利作为区教育局传染病防控工作分管领导，对某幼儿园发生的 B 型流感聚集性疫情，简单依靠幼儿园报送信息了解情况，对该幼儿园瞒报疫情问题未能及时发现，未能在第一时间启动相应防控机制予以处置，造成该起疫情一直处于扩散状态，并于 3 月 18 日出现第二次高峰，受感染者大幅增加。[③] 由此可见，党员干部消极腐败下的形式主

---

① 参见吕芳：《浅析“四大危险”之消极腐败》，《世纪桥》2013 年第 12 期。

② 参见吕芳：《浅析“四大危险”之消极腐败》，《世纪桥》2013 年第 12 期。

③ 参见陕西省纪委监委：《陕西通报 5 起漠视侵害群众利益问题》，中央纪委国家监委网站，http：//www. ccdi. gov. cn/yaowen/201911/t20191106 _ 203820. html。

义严重侵害了群众利益。

2. 官僚主义

作为一种腐败的现象，官僚主义思想往往表现得特别明显。列宁则认为官僚主义是腐败最基本的开端，官员在此基础上将自己人民公仆的身份逐渐向主人的身份错误转变，官僚主义思想严重阻碍了党的工作进程，不利于群众工作的开展，为腐败之风提供了发展条件。官僚主义思想使官员抛弃了原本的从群众中来到群众中去，为民服务的思想，反而本末倒置，以权谋私，不为群众办实事。一些领导干部不愿深入基层，了解实际情况，不关心群众疾苦。即使下基层，也是走马观花，爱听成绩和经验汇报，不愿意听取基层反映的问题和意见，听完汇报就作报告成了一种时髦行为。作报告不实事求是，讲大话，不解决具体问题。基层有呼声无法上达，基层的意见无法反映，只有等到问题弄大，才赶忙“救火”。“救火”过程也是考虑如何缩小负面影响，如何避免责任，而不是去认真分析问题产生的原因，总结经验教训，甚至采取欺上瞒下的做法，打击压制的手段。[①] 这种情况造成的直接后果就是党组织与人民群众之间关系的疏离，容易诱发恶性事件。云南省个旧市扶贫办原副主任吴劲兵在贫困户识别工作中敷衍应付问题，就是一个典型。2017 年，吴劲兵在负责卡房镇贫困人口精准识别摸底调查工作期间，自由散漫、消极推诿，多次擅自离岗，将工作交给他人代办，致使 229 户贫困户被漏评、59 户返贫户情况核定不准，摸底调查工作未能按时完成，严重影响脱贫攻坚工作进程。2017 年 12 月，吴劲兵受到党内严重警告、政务降级处分。[②]

3. 享乐主义

一些领导干部生活上贪图享乐、流连于灯红酒绿，讲排场、比阔

① 参见吕芳：《浅析“四大危险”之消极腐败》，《世纪桥》2013 年第 12 期。

② 参见《中央纪委公开曝光七起扶贫领域形式主义官僚主义典型案例》，中央纪委国家监委网站，http：//www.ccdi.gov.cn/toutiao/201808/t20180823_178357.html。

气、腐化堕落，用公款大吃大喝、旅游玩乐，大肆修建楼堂馆所、搞政绩工程，任意挥霍公款、铺张浪费等。抽天价烟、戴名牌表、坐高级轿车、盖豪华办公楼，公款吃喝现象更是屡见不鲜。[①] 工作上不思进取、不顾大局，缺乏事业心、责任感，见困难就躲、见矛盾就藏，不愿攻坚、不敢碰硬，宁可误事不伤和气、办事拖拉，消极怠慢。这些领导干部把一己私利、个人得失放在第一位，只考虑个人的利益和进退荣辱，忘记了全心全意为人民服务的宗旨，丢掉了共产党人的理想和信念。党的十八大以来，中央八项规定的出台和党的群众路线教育实践活动的开展，享乐主义的奢靡之风虽有收敛，但也出现了变种。享乐主义败坏的是党的良好作风，丢失的是领导干部的形象，分散的是工作的心思和精力，最终这种奢靡的生活也把这些人送上了腐败的不归之路。

4. 好人主义

好人主义表面上看是谁也不招不惹的处世哲学，实质上是对错误思想和行为的容忍纵容，对与党的宗旨相违背。一些领导干部对与危害人民利益的错误言行视而不见，充耳不闻，回避矛盾，面对各种各样的腐败行为或不正之风往往睁只眼、闭只眼，听而不闻，甚至视而不见。一些领导干部搞“亲亲疏疏”，对干部队伍中的一些不良苗头、倾向性问题不敢抓、不敢管，会议报告中，热衷于总结经验，大讲成绩，不敢揭露问题，更不敢点名批评错误倾向。一些领导干部在班子内部，当老好人，做“太平官”，掩盖矛盾，搞官官相护，你不犯我，我不犯你，和平共处，甚至把坚持批评和自我批评演变成了坚持表扬与自我表扬。一些领导干部对同级和下级在涉及工作安排、职级待遇等方面的不正当要求，过分迁就照顾，对得罪人的事不想沾边。好人主义麻痹混淆人的真假、善恶、美丑、是非之心，本质上是个人主义和自由主义。党内切实有效的批评难以开展，长期必将削弱瓦解党的

---

① 参见吕芳：《浅析“四大危险”之消极腐败》，《世纪桥》2013 年第 12 期。

战斗力和执政根基。

（二）产生消极腐败危险的原因

消极腐败现象严重侵蚀党的健康肌体，影响党和政府的公信力，动摇党的执政基础。认识消极腐败危险产生的根源，有助于我们更好把握党的建设和反腐败斗争规律。消极腐败现象产生的原因很多，主要可以归结为以下三方面。

1. 理想信念不够坚定

消极腐败为什么泛滥？形式主义、官僚主义为什么盛行？说到底，还是理想信念不坚定，思想意识出了问题。

没有理想信念，理想信念不坚定，精神上就会“缺钙”，就会得“软骨病”，要练就“金刚不坏之身”，必须用科学理论武装头脑，不断培植我们的精神家园。之所以不断强调坚定理想信念，是因为这是事关马克思主义政党、社会主义国家的精神力量和前途命运的根本问题。

中国共产党是世界上最大的政党，我们党之所以能战胜一切敌人，就在于我们党是以共同理想信念而组织起来的政党。部分领导干部之所以消极腐败，就在于丧失了理想信念，热衷于追求当“太平官”，最终把自己变成了“懒官”“昏官”。

2. 外部环境影响严重

现在广大党员干部所处的环境，相对于革命战争年代已有非常大的变化。我们党的执政环境已然由过去封闭式的，转变为全面对外开放，市场经济条件下各种先进的和落后的，科学的与迷信的思潮相互激荡，各种各样的诱惑也随之增多，客观上容易使一些党员干部特别是领导干部在面临外界诸多诱惑和挑战时，容易沾染上不良习气。特别是面对身边的人，面对复杂的人际关系，有些领导干部就产生了动摇，把外部环境中的庸俗关系凌驾于党纪国法之上，拉关系、走后门，贪小利、坏规矩。

3. 制度措施仍需完善

一些消极腐败的产生与盛行，与制度措施不完善直接相关。有的单位没有正确理解民主集中制，只有集中而无民主，导致权力过分集中，不仅为个人专断决策打开了方便之门，而且使腐败问题得不到有效的监督和制约。在经济体制改革和市场经济发展过程中，许多原有的制度被废止了，许多新建立的制度处于试运行的过程中，还不成熟；有些制度刚建立不久，又被更新的尝试所取代；有些制度还没有来得及建立。在这些变动过程中，客观上难免出现制度上的漏洞和薄弱环节，就容易产生消极腐败。另外，法律制度和党纪党规还需要完善，现有的法律尚未对消极腐败作出具体的定义，党纪政纪条规只是大致地规定了一些消极腐败的行为，但是由于刚性措施的缺失，这些条规的执行效果并不是很好，也存在许多漏洞，重在事后惩治而缺少事前预防。例如，2016 年以来，中央多次对宁夏回族自治区固原市西吉县扶贫资金使用、项目管理等方面的问题线索进行督查督办，要求县委针对突出问题研究制定整改措施，但西吉县委未予重视，未制定整改的具体措施，致使部分扶贫领域问题屡查屡犯，一直得不到解决。①

（三）消极腐败危险的严重后果

消极腐败现象严重侵蚀党的健康肌体，影响党和政府的公信力，动摇党的执政基础。因此，党的十九大报告强调指出："推进反腐败国家立法，建设覆盖纪检监察系统的检举举报平台，强化不敢腐的震慑，扎牢不能腐的笼子，增强不想腐的自觉，通过不懈努力换来海晏河清、朗朗乾坤。"

1. 消极腐败违背了党的性质和宗旨

中国共产党是中国工人阶级的先锋队，同时也是中国人民和中华

① 参见《中央纪委公开曝光七起扶贫领域形式主义官僚主义典型案例》，中央纪委国家监委网站，http：//www. ccdi. gov. cn/toutiao/201808/t20180823 _ 178357. html。

民族的先锋队。党的根本性质和根本宗旨就决定了它除了代表最广大人民的根本利益外，没有自己的特殊利益。一切为了人民、一切依靠人民，是我们党一切工作的根本出发点和落脚点。党的十九大报告指出："必须坚持人民主体地位，坚持立党为公、执政为民，践行全心全意为人民服务的根本宗旨，把党的群众路线贯彻到治国理政全部活动之中。"消极腐败使共产党员忘记了其身为人民公仆为人民服务的本分，违反党纪党规侵害人民群众的利益，疏远了与人民群众的感情，造成官僚主义、享乐主义等不良风气，违背了党的性质宗旨，在党内产生极大危害。

2. 消极腐败破坏了党与人民群众的血肉联系

党的执政离不开人民群众的拥护，人民的支持和信任是党执政的基础。消极腐败最直接的后果就是使党员干部丧失了人民群众的信任，疏远了党群干群关系，进而危害党和政府的公信力。党一旦没有了人民的信任和支持，就动摇和失去了执政的根基，后果不堪设想。坚定不移地反对消极腐败，是党的性质宗旨的内在要求，是广大人民群众的热切期盼，是从根本上维护人民群众的利益。只有这样才能得到人民群众的真心拥护，使党执政的政治基础更加牢固。人民群众反对什么、痛恨什么，我们就要坚决防范和纠正什么。

3. 消极腐败滋生了严重贪腐的环境

消极腐败具有极强的隐蔽性和传染性。身处消极腐败蔓延的环境，原本坚守底线的同志很难避免影响，容易灰心丧气，甚至同流合污，发展到最后就是严重违法乱纪，贪污腐化。一个消极腐败的领导会带坏一个班子，一个消极腐败的班子会带坏一个地方，一个消极腐败盛行的地方会腐蚀更多的干部乃至整个集体，连锁反应的威力是不可估量的。反腐败斗争的严峻形势早已证明，消极腐败渗透到社会、政治、经济、文化、生活等各个领域后，个别地方和部门消极腐败现象就会屡禁不止，状况日趋严重，违法犯罪者级别越来越高，涉案数额越来越大，涉嫌面越来越广，作案手段越来越高明，一些严重违法犯罪行为必然会滋生蔓延，甚至造成贪腐窝案。

党的十九大报告强调："全党要更加自觉地坚定党性原则，勇于直面问题，敢于刮骨疗毒，消除一切损害党的先进性和纯洁性的因素，清除一切侵蚀党的健康肌体的病毒，不断增强党的政治领导力、思想引领力、群众组织力、社会号召力，确保我们党永葆旺盛生命力和强大战斗力。"历史实践使我们深刻认识到，党的先进性和党的执政地位都不是一劳永逸、一成不变的，过去先进不等于现在先进，现在先进不等于永远先进；过去拥有不等于现在拥有，现在拥有不等于永远拥有。只有勇于面对"四大危险"，认真研究自身建设遇到的新情况、新问题，并以科学的方法来解决问题，党才能继续领导中国人民向着实现中华民族伟大复兴的宏伟目标不断前进，党的肌体才能充满生机与活力。

第四章　防范化解党的建设领域的重大风险

“于安思危，于治忧乱。”我们党在内忧外患中诞生，在磨难挫折中成长，在战胜风险挑战中壮大，始终有着强烈的忧患意识、风险意识。进入新时代，我们党面临的执政环境是复杂的，影响党的先进性、弱化党的纯洁性的因素也是复杂的，党内存在思想不纯、组织不纯、作风不纯等突出问题尚未得到根本解决。党面临的执政考验、改革开放考验、市场经济考验、外部环境考验具有长期性和复杂性，党面临的精神懈怠危险、能力不足危险、脱离群众危险、消极腐败危险具有尖锐性和严峻性，党的建设领域面临各种可以预见和难以预见的风险因素。我们必须按照新时代党的建设总要求，全面加强党的建设，自觉做到“安而不忘危，存而不忘亡，治而不忘乱”，做好防范化解党的建设领域重大风险的各项应对之策。

一、增强“四个意识”、坚定“四个自信”、做到“两个维护”

党的十九大提出的新时代党的建设总要求中，强调把党的政治建设摆在首位。习近平总书记指出：“旗帜鲜明讲政治是我们党作为马克思主义政党的根本要求。”在防范化解党的建设领域重大风险上，首先就要引导全党同志特别是党的各级领导干部增强“四个意识”、坚定“四个自信”、做到“两个维护”，任何时候任何情况下都做到政治立场不移、政治方向不偏，做到在思想上政治上行动上同党中央保持高度一致。

（一）增强“四个意识”，自觉向党中央、习近平总书记对表对标

增强“四个意识”，内涵十分丰富。政治意识是管方向、管总体的，确保全党正确方向和正确立场；大局意识主要是要确保局部和整体协调一致，反映的是视野、是胸襟、是担当；核心意识、看齐意识是鲜明指向和衡量的标准，增强政治意识、大局意识、核心意识、看齐意识，最终要落脚在看齐上。增强“四个意识”，事关我们党的政治方向，是一项重大政治原则，是一项严格的政治纪律和政治规矩，也是衡量广大党员、干部和各级组织是否坚持正确政治方向、是否站稳政治立场的一项基本标准。

党的十八大以来，党、国家和军队事业之所以能够取得历史性成就、发生历史性变革，最根本的是有习近平总书记的领航掌舵，有以习近平同志为核心的党中央的坚强领导，有习近平新时代中国特色社会主义思想的科学指引。防范化解党的建设领域的重大风险，就要在政治立场、政治方向、政治原则、政治道路上同党中央保持高度一致，自觉、经常、主动向习近平总书记这个核心看齐，向党中央看齐，向党的理论和路线方针政策看齐，向党中央改革发展稳定、内政外交国防、治党治国治军各项决策部署看齐，做到一切工作都要以贯彻党中央决策部署为前提，党中央提倡的坚决响应、党中央决定的坚决执行、党中央禁止的坚决不做。

增强“四个意识”，不能只停留在口头表态，更重要的是要落实在具体行动上。习近平总书记指出：“党中央权威，全党都必须自觉维护，并具体体现到自己的全部工作中去，决不能表面上喊着同党中央

保持一致、实际上没当回事，更不能违背中央大政方针各自为政、自行其是。”[①] 党的干部要自觉经常同党中央对表，校准自己的思想和行动。向党中央看齐，关键是做到“三个必须”，即同党中央保持高度一致，必须是全面的，在思想上政治上行动上全方位向党中央看齐，做到表里如一、知行合一；必须是具体的，不能光口头讲讲，要落实在各个方面、各项工作上；必须是坚定的，党中央提倡的坚决响应，党中央决定的坚决照办，党中央禁止的坚决杜绝，任何时候任何情况下都做到政治立场不移、政治方向不偏。

海南省高级人民法院原副院长张家慧严重违反政治纪律和政治规矩，指使他人串供，向组织提供虚假情况，处心积虑对抗组织审查；违反中央八项规定精神和廉洁纪律，违反组织纪律，不如实填报个人有关事项报告。张家慧身为党员领导干部，严重背离党的宗旨，毫无党性原则，对党不忠诚不老实，善于伪装，品行低劣，私欲膨胀，以权谋私，并涉嫌犯罪，且在党的十八大后不收敛、不收手，性质严重、影响恶劣。[②] 就是“四个意识”丧失的典型代表。

“四个意识”不是抽象的而是具体的，不只看表态，更要看行动，关键看成效。各地区各部门要紧密团结在以习近平同志为核心的党中央周围，坚决贯彻落实党的基本理论、基本路线、基本方略，正确处理保证党中央政令畅通和立足实际创造性开展工作的关系，积极主动将党的领导主张和重大决策部署转化为法律法规和政策政令，转化为领导体制、工作机制和管理方式方法创新，转化为推动经济社会发展的实际行动。

防范化解党的建设领域的重大风险，要求广大党员干部一定要站稳政治立场，做政治上的明白人，强化战略思维、历史思维、创新思

---

① 中共中央文献研究室编：《十八大以来重要文献选编》（中），中央文献出版社 2016 年版，第 96 页。

② 参见海南省纪委监委：《海南省高级人民法院原党组成员、副院长张家慧被开除党籍和公职》，中央纪委国家监委网站，http：//www.ccdi.gov.cn/scdc/sggb/djcf/201911/t20191130_205357.html。

维、辩证思维、法治思维、底线思维，以高超的思想理论水平把握大势，切实把思想和行动统一到中央重大决策部署上来。

（二）坚定“四个自信”，自觉把准政治方向，坚定理想信念

当前，我国形势总体上是好的，党中央领导坚强有力，战略部署得到有效执行，无论宏观还是微观风险都整体可控。全党同志特别是党的各级领导干部要自觉学习马克思主义理论，深入观察世界发展大势，深刻体察中国特色社会主义伟大实践，不断增强中国特色社会主义道路自信、理论自信、制度自信、文化自信。要善于从外国和外国政党的兴衰成败中，从我们国家和我们党的历史中，从这些年党内正反两方面的典型中，吸取经验教训，用实际行动让人民群众感受到理想信念和高尚人格的强大力量。不管形势风云如何变幻，不管压力多大，防范化解党的建设领域的重大风险，一定要牢牢坚持党的基本理论、基本路线、基本方略不动摇，坚定理想信念，坚定中国特色社会主义道路自信、理论自信、制度自信、文化自信，坚决防止走歪路邪路死路。

习近平总书记指出：“政治方向是党生存发展第一位的问题，事关党的前途命运和兴衰成败。”[①] 我们所要坚守的政治方向，就是共产主义远大理想和中国特色社会主义共同理想、“两个一百年”奋斗目标，就是党的基本理论、基本路线、基本方略。自觉把准政治方向就是要引导全党坚定理想信念、坚定“四个自信”，廓清思想迷雾，澄清模糊认识，排除各种干扰，把全党智慧和力量凝聚到新时代坚持和发展中国特色社会主义伟大事业中来；就是要推动全党把坚持正确政治方向贯彻到谋划重大战略、制定重大政策、部署重大任务、推进重大工作的实践中去，坚决纠正偏离和违背党的政治方向的行为，确保党和国家各项事业始终沿着正确政治方向发展；就是要把各级党组织建设成

---

① 习近平：《增强推进党的政治建设的自觉性和坚定性》，《求是》2019 年第 14 期。

为坚守正确政治方向的坚强战斗堡垒，教育广大党员、干部坚定不移沿着正确政治方向前进。

革命理想高于天。没有远大理想，不是合格的共产党员；离开现实工作而空谈远大理想，也不是合格的共产党员。在我们党近百年的历史中，一代又一代共产党人为了追求民族独立和人民解放，不惜流血牺牲，靠的就是一种信仰，为的就是一个理想。尽管他们也知道，自己追求的理想并不会在自己手中实现，但他们坚信，只要一代又一代人为之持续努力，一代又一代人为此作出牺牲，崇高的理想就一定能实现，正所谓“砍头不要紧，只要主义真”。[①] 当前，大多数党员干部理想信念是坚定的，政治上是可靠的。同时，在我们的干部队伍中，也有的对共产主义心存怀疑，认为那是虚无缥缈、难以企及的幻想；有的不信马列信鬼神，从封建迷信中寻找精神寄托；有的认为共产主义是可望而不可即的，甚至认为是望都望不到、看都看不见的，是虚无缥缈的。现在一些同志之所以理想渺茫、信仰动摇，根本的就是历史唯物主义观点不牢固。热衷于烧香拜佛，遇事“问计于神”，这样的党员干部，就是精神上“缺钙”、得了“软骨病”。这种病不仅得治，还得早治。对在政治方向上有问题的人，必须严肃批评教育，问题严重的要依照党纪进行处理。

周练军，湖南省长沙市金融办原副主任。2018 年 1 月，长沙市纪委监委对其进行纪律审查和监察调查。在忏悔书中，周练军分析自己堕落的根源：思想上脱离组织，或者说思想上没有真正入党，为自己埋下了腐败的根源。信念不牢，地动山摇。理想信念动摇是最危险的动摇，理想信念滑坡是最危险的滑坡。一些党员干部出这样那样的问题，说到底是信仰迷茫、精神迷失。理想信念不可能凭空产生，也不可能轻而易举坚守。要练就“金刚不坏之身”，必须用科学理论武装头

① 参见习近平：《关于坚持和发展中国特色社会主义的几个问题》，《求是》2019 年第 7 期。

脑，不断培植我们的精神家园。要深入学习马克思主义基本理论，深入学习习近平新时代中国特色社会主义思想，把理想信念建立在对科学理论的理性认同上，建立在对历史规律的正确认识上，建立在对基本国情的准确把握上。有了坚定的理想信念，站位就高了，眼界就宽了，心胸就开阔了，就能坚持正确政治方向，在胜利和顺境时不骄傲不急躁，在困难和逆境时不消沉不动摇，经受住各种风险和困难考验，自觉抵御各种腐朽思想的侵蚀，有效防范和化解风险，永葆共产党人政治本色。

（三）坚决做到“两个维护”，自觉同党中央保持高度一致

习近平总书记指出：“维护党中央权威，绝不是一般问题和个人的事，而是方向性、原则性问题，是党性，是大局，关系党、民族、国家前途命运。”① 马克思、恩格斯在总结巴黎公社失败教训时强调：“巴黎公社遭到灭亡，就是由于缺乏集中和权威。”② 列宁也深刻指出：“在历史上，任何一个阶级，如果不推举出自己的善于组织运动和领导运动的政治领袖和先进代表，就不可能取得统治地位。”③ 我们党成立近百年来的实践证明，什么时候全党坚定维护党中央权威和集中统一领导，党的事业就不断取得胜利；离开了党中央权威和集中统一领导，党的领导就必然弱化，党的事业就必然遭受挫折。

党的十八大以来，面对严峻复杂的国内外形势，我们之所以能战胜一系列重大风险挑战，推动党和国家事业取得历史性成就、发生历史性变革，推动我国国际影响力、感召力、塑造力全面显著提高，使“中国之治”与“西方之乱”形成鲜明对比，根本在于坚决维护习近平总书记党中央的核心、全党的核心地位，坚决维护党中央权威和集中

---

① 《牢固树立“四个意识”，坚决维护党中央权威》，中国共产党新闻网，http：//theory.people.com.cn/n1/2017/0113/c409653－29022102.html。

② 《马克思恩格斯选集》第 4 卷，人民出版社 1995 年版，第 20 页。

③ 《列宁全集》第 39 卷，人民出版社 1986 年版，第 21 页。

统一领导。“两个维护”是党的十八大以来我们党的重大政治成果和宝贵经验，是全党在革命性锻造中形成的共同意志，是最重要的政治纪律和政治规矩。

防范化解党的建设领域的重大风险，第一位的是坚持党的领导，严明党的政治纪律和政治规矩，坚决维护以习近平同志为核心的党中央的权威。当前，我们党正在进行具有许多新的历史特点的伟大斗争，防范化解党的建设领域的重大风险，增强党的创造力凝聚力战斗力，必须把服从和维护党的领导核心作为第一目标，把遵守政治纪律和政治规矩作为第一要求，在思想上政治上行动上同以习近平同志为核心的党中央始终保持高度一致，提高政治站位、增强政治觉悟、强化政治担当，坚定维护党中央集中统一领导。

当前全党同志对“两个维护”总体上是认识到位、行动自觉的，但有的党员干部对“两个维护”理解不全面、把握不准确，有的对一些“低级红”“高级黑”现象辨别不清、斗争不够，甚至掺杂私心杂念，影响到“两个维护”的效果。这些问题需要认真解决。要深刻认识到，“两个维护”有明确的内涵和要求：维护习近平总书记核心地位，对象是习近平总书记而不是其他任何人；维护党中央权威和集中统一领导，对象是党中央而不是其他任何组织。党中央的权威决定各级党组织的权威，各级党组织的权威来自党中央的权威，“两个维护”既不能层层套用，也不能随意延伸。

“两个维护”在本质上是一体的，维护习近平总书记核心地位，就是维护党中央权威和集中统一领导；维护党中央权威和集中统一领导，首先要维护习近平总书记核心地位。“两个维护”是新时代对民主集中制的创造性运用，同以人民为中心是统一的，是坚持和加强党的全面领导、践行党的宗旨的根本保证，也是防范化解党的建设领域的重大风险的根本保证。做到“两个维护”，要有鲜明的态度，更要有扎实的行动。要把“两个维护”体现在各项制度规定中，贯彻到党和国家工作的全过程各方面，落实到各级党组织和广大党员的行动上。

自 2018 年 7 月以来，“秦岭违建别墅拆除”备受关注，1194 栋违建别墅被整治。从 2014 年 5 月到 2018 年 7 月，习近平总书记先后 6 次就“秦岭违建”作出批示指示。2014 年 5 月，接到总书记的重要批示后，时任陕西省委主要领导没有在省委常委会上进行传达学习，也没有进行专题研究。2018 年 7 月下旬，中央专门派出中纪委领衔的专项整治工作组入驻陕西，展开针对秦岭违建别墅的整治行动。共清查违建别墅 1194 栋，其中依法拆除 1185 栋，依法没收 9 栋，收回国有土地 4557 亩，退换集体土地 3257 亩。秦岭北麓西安境内违建别墅问题，看似拆除违建别墅工作不作为、不到位，实质是有关党组织和党员领导干部对贯彻落实习近平总书记重要指示批示精神和党中央重大决策部署不作为、不到位，归根结底是，没有把“两个维护”作为最根本的政治纪律和政治规矩，不严肃、不认真、不担当，对党中央的要求只传达不研究、只学习不落实、只表态不行动，讲政治停留在口头上会议上表面文章上，没有真正落实到实际工作中。

二、始终保持同人民群众的血肉联系，巩固党长期执政的执政基础

是否维护广大人民群众切身利益与防范化解党的建设领域的重大风险息息相关，正所谓民之所系，重于泰山。习近平总书记指出：“我们党来自人民、扎根人民、造福人民，全心全意为人民服务是党的根本宗旨，必须以最广大人民根本利益为我们一切工作的根本出发点和落脚点，坚持把人民拥护不拥护、赞成不赞成、高兴不高兴作为制定政策的依据。”① 防范化解党的建设领域的重大风险，必须站稳人民立

① 谭作钧：《争当信仰信念信心坚定的新时代先锋》，《光明日报》2019 年 1 月 3 日。

场，坚持以人民为中心，在全心全意为人民服务中提升政治站位、提高工作能力。

（一）紧紧围绕保持党和人民群众的血肉联系这个核心

所谓“血肉联系”，是对党同人民群众之间高度紧密、须臾不可分离、生死相依的关系的一种形象比喻。没有人民的支持，党就不可能生存和发展，就会一事无成。密切联系群众是我们党的最大优势，脱离群众是我们党的最大危险。习近平总书记指出：“党与人民风雨同舟、生死与共，始终保持血肉联系，是党战胜一切困难和风险的根本保证。”[①] 全党务必保持清醒的头脑，始终坚持全心全意为人民服务的根本宗旨，严格贯彻落实“以人民为中心”的根本原则和政治导向，任何时候都必须把人民利益放在第一位，把实现好、维护好、发展好最广大人民根本利益作为一切工作的出发点和落脚点，诚心诚意为人民群众谋利益。

我们党是在同人民群众的密切联系中成长、发展、壮大起来的。人民是党的力量之源和胜利之本。各级党组织要督促引导党员干部坚守人民立场，增强群众观念和群众感情，树立新风正气，贯彻党的群众路线，提高群众工作本领，切实做到思想上尊重群众、感情上贴近群众、工作上凝聚群众、行动上服务群众。全党同志务必牢记，一个政党，一个政权，其前途命运取决于人心向背。人民群众反对什么、痛恨什么，我们就要坚决防范和纠正什么。

江苏省沛县原副县长、公安局局长曹为民在担任徐州市公安局云龙湖景区分局局长、沛县公安局局长期间，与张光明、王在清等多个从事黄赌毒违法犯罪活动的涉黑组织头目称兄道弟、沆瀣一气，收受贿赂，插手干预有关案件查办，多次提前向涉黑组织头目通风报信，

① 《习近平谈治国理政》第 2 卷，外文出版社 2017 年版，第 40 页。

帮助相关涉黑组织及其成员逃避查禁打击。曹为民利用职权或职务上的影响违规干预司法活动，包庇犯罪分子逃避查禁打击、减免刑事处罚，是站在群众对立面、“护黑不护民”，利令智昏、为虎傅翼，是严重脱离群众、轻视群众、漠视群众疾苦，甚至祸害群众的典型。老百姓是天，老百姓是地，忘记了人民，脱离了人民，我们就会成为无源之水、无本之木，就会一事无成。防范化解党的建设领域的重大风险，党员干部要始终将人民利益放在心中最高位置，自觉把群众呼声作为“第一信号”，把群众需要作为“第一选择”，想群众之所想，急群众之所急，以永不懈怠的精神状态和一往无前的奋斗姿态赢得群众真心拥护。

（二）紧紧扭住解决问题、务求实效这个关键

习近平总书记指出：“大家心中要始终装着老百姓，先天下之忧而忧，后天下之乐而乐，做到不谋私利、克己奉公。”① 人民群众不仅要看我们是怎么说的，更要看我们是怎么做的。解决好人民群众最关心最直接最现实的利益问题，人民才会真心实意地信任党、拥护党、跟党走。新时代加强党的建设，就要紧扣民心这个最大的政治，把赢得民心民意、汇集民智民力作为重要着力点。维护社会大局稳定，要切实落实保安全、维护稳定各项措施，下大气力解决好人民群众切身利益问题，全面做好就业、教育、社会保障、医药卫生、食品安全、安全生产、社会治安、住房市场调控等各方面工作，不断增加人民群众获得感、幸福感、安全感。

2019 年 12 月 2 日，中央宣传部授予朱有勇同志“时代楷模”荣誉称号，朱有勇同志入党 38 年来，始终不忘自己的第一身份是共产党员，第一职责是为党工作，矢志不渝为党和人民的事业默默奉献。他始终牢记初心使命，把个人前途与党的事业、国家的昌盛、人民的富

① 《习近平谈治国理政》第 2 卷，外文出版社 2017 年版，第 144 页。

裕紧密结合起来，自觉为实现人民对美好生活的向往而奋斗。他模范贯彻习近平总书记关于坚决打赢脱贫攻坚战重要指示精神，以强农兴农惠农为己任，用自己的科研成果帮助群众脱贫致富，同人民想在一起、干在一起，真心实意为老百姓办实事、做好事、解难事，以实际行动赢得了群众的信任和拥护。[①]

满足人民日益增长的美好生活需要，离不开执政为民的情怀，离不开真抓实干的行动，任何不思进取、明哲保身、得过且过的思想和行为都是要不得的，都是与党的初心使命根本不相容的。加强党的政治建设，就要对那种满足于“只要不出事，宁愿不做事”，“不怕群众不满意，就怕领导不注意”的尸位素餐、光说不练的行为坚决说“不”，为那些敢抓敢管、真抓实干、勇于担当的干部加油鼓劲、撑腰壮胆，在全党形成以担当作为为荣、以消极无为为耻的浓厚氛围。[②]

（三）紧紧抓住、抓常、抓细、抓长这个要害

2019 年 2 月 3 日，习近平总书记在春节团拜会上指出：“人民是我们执政的最大底气。党和国家事业发展的一切成就，归功于人民。只要我们紧紧依靠人民，就没有战胜不了的艰难险阻，就没有成就不了的宏图大业。”人民群众始终是我们战胜一切困难，防范化解重大风险最可靠的后盾、最深厚的力量源泉。务必始终坚持把依靠人民的理念落实到防范化解党的建设领域的重大风险的具体工作中，着力增强党员、群众防风险的意识，教育和引导党员、群众提高防风险的能力和水平，使防风险成为一种自觉，成为一种习惯，甚至成为一种生活方式；着力激发群众防风险的积极性、主动性、创造性，使党员、群众成为防风险的主体；着力做好组织群众的工作，整合各方力量、科

---

① 参见《中共云南省委关于向朱有勇同志学习的决定》，中国共产党新闻网，http://cpc.people.com.cn/n1/2019/1216/c64104－31508181.html。

② 参见本刊编辑部、李学仁：《以党的政治建设为统领、把我们党建设得更加坚强有力》，《求是》2019 年第 14 期。

学排兵布阵，群策群力、群防群治，构建防范风险的强大社会网络；着力弘扬密切联系群众的优良作风，总结人民经验、汲取人民智慧，坚持走群众路线，到群众中团结群众，在防范中学习防范，为防范风险工作提供智力支撑。

党的好干部谷文昌心里装着人民，积极为群众排忧解难，体现出人民公仆的高尚情操。资助贫困学生，为烈军属、五保户送温暖，为来访群众买车票，为民工买红糖熬姜汤……这样的事情很多很多。1970 年 7 月，谷文昌被任命为隆陂水库总指挥，他和民工一起，吃住在工地。经过一年奋战，水库建成了，当地人民结束了缺水缺电的时代。至今东山的老百姓仍然对谷文昌念念不忘，尊敬地称他为“谷公”。“不带私心搞革命，一心一意为人民。”这是他一生的信仰。心中有党、心中有民、心中有责、心中有戒，谷文昌堪称“四有”干部的典范。

我们的事业越前进、越发展，新情况新问题就会越多，面临的风险和挑战就会越多，面对的不可预料的事情就会越多。我们必须增强忧患意识，做到居安思危。人民群众反对的、痛恨的，我们就要坚决防范和打击。突出抓住落实环节，把各项工作方案和应对预案落到实处、落实到人，全力以赴把防风险工作抓实抓细抓到位，切实维护好改革发展稳定大局。各级要进一步端正工作指导和政绩观，正确把握安全与发展、当前与长远的关系，坚持问题导向，狠抓工作落实。防范化解党的建设领域的重大风险工作的政治性、政策性、实效性、科学性都很强，来不得半点虚假，来不得半点马虎，必须察实情、出实招、办实事、求实效。我们不仅要在思想上作风上坚决反对形式主义、官僚主义，而且要在制度上形成杜绝形式主义、官僚主义的体制机制，牢固树立有风险没有及时发现是失职、发现风险没有及时提示和处置是渎职的理念，把防范化解党的建设领域的重大风险工作做实做细做好。

三、努力造就一支忠诚干净担当的高素质干部队伍

政治路线确定之后，干部就是决定的因素。我们党历来高度重视选贤任能，始终把选人用人作为关系党和人民事业的关键性、根本性问题来抓，目的就在于培养造就一支具有铁一般信仰、铁一般信念、铁一般纪律、铁一般担当的干部队伍。习近平总书记指出，中华民族正处在伟大复兴的关键时期，我们的改革发展正处在克难攻坚、闯关夺隘的重要阶段，迫切需要锐意进取、奋发有为、关键时顶得住的干部。防范化解党的建设领域的重大风险，要从党和人民事业出发选干部、用干部，坚持事业为上、依事择人、人岗相适，做到事业发展需要什么样的人就用什么样的人，什么样的人最合适就选什么样的人。

（一）坚持好干部标准

坚持好干部标准。何为好干部？习近平总书记鲜明指出“信念坚定、为民服务、勤政务实、敢于担当、清正廉洁”的新时代好干部标准，为选人用人树起了时代标杆。信念坚定，就是要坚定共产主义远大理想，真诚信仰马克思主义，为新时代坚持和发展中国特色社会主义而奋斗，坚持党的基本理论、基本路线、基本方略不动摇。为民服务，就是要做人民公仆，忠诚于人民，始终要把人民放在心中最高的位置，始终全心全意为人民服务，始终为人民利益和幸福而努力工作。勤政务实，就是要勤勉敬业、求真务实、真抓实干、精益求精，创造出经得起实践、人民、历史检验的实绩。敢于担当，就是要坚持原则、认真负责，面对大是大非敢于亮剑，面对矛盾敢于迎难而上，面对危机敢于挺身而出，面对失误敢于承担责任，面对歪风邪气敢于坚决斗争。清正廉洁，就是要敬畏权力、管好权力、慎用权力，守住自己的政治生命，保持拒腐蚀、永不沾的政治本色。作为一名党员干部，应

该主动拿起“手术刀”对照“真学真信”要求进行思想上的清理、灵魂上的检视和政治上的追问，用习近平新时代中国特色社会主义思想武装头脑、凝心聚魂，用理想信念和党性教育固本培元、补钙壮骨。

2015年9月，中纪委通报最高人民法院原副院长、党组成员奚晓明严重违纪被开除党籍。奚晓明利用手中之权，为亲属经营活动谋利，违反组织纪律和其他纪律规定，对党不忠诚、不老实，成为当面一套、背后一套的“两面人”。奚晓明是中纪委通报中首个提及“对党不忠诚、不老实”的省部级官员。

古人说“识人识面不识心”。党的十八大以来，我们查处了那么多违纪违规的领导干部，现在依然有不少领导干部受到查处。这些人大多是政治上的“两面人”，当面一套、背后一套，口头一套、行动一套。一些政治上的“两面人”，装得很正，藏得很深，有很强的隐蔽性和迷惑性，但并非无迹可寻。只要我们多用心多留心，多角度多方位探察，总能把他们识别出来。要高度警惕那些人前会上信誓旦旦讲“四个意识”、高调表态，而私下里却妄议中央、不贯彻党中央路线方针政策的人；口口声声坚定“四个自信”、信仰马克思主义，而背后在大是大非问题上态度暧昧、立场不稳的人；高谈阔论国家前途命运，而背地里却一遇到个人名誉地位就牢骚满腹、怨恨组织的人；领导面前卑躬屈膝、阿谀奉承、溜须拍马，而在下属和群众面前却趾高气扬、盛气凌人、不可一世的人。要透过现象看本质，既听其言、更观其行，既察其表、更析其里，看政治忠诚，看政治定力，看政治担当，看政治能力，看政治自律。正所谓“治本在得人，得人在审举，审举在核真”。①

衡量一名党员干部是否具有坚定的理想信念，是有客观标准的。革命战争年代，检验一个干部理想信念坚定不坚定，就看他能不能为党和人民事业舍生忘死，能不能冲锋号一响立即冲上去，这样的检验

---

① 习近平：《努力造就一支忠诚干净担当的高素质干部队伍》，《求是》2019年第2期。

很直接。毛泽东同志一家为革命牺牲6位亲人，徐海东同志家族牺牲70多人，贺龙同志的宗亲中有名有姓的烈士就有2050人。革命先烈在生死考验面前之所以能够赴汤蹈火、视死如归，就是因为他们对崇高的理想信念坚贞不渝、矢志不移。今天，衡量一名党员干部理想信念坚定不坚定，那就要看他能否坚持全心全意为人民服务的根本宗旨，能否吃苦在前、享受在后，能否勤奋工作、廉洁奉公，能否为理想而奋不顾身去拼搏奋斗、献出自己的全部精力乃至生命。焦裕禄、谷文昌、杨善洲、廖俊波……一大批坚守理想信念的优秀党员干部，彰显了坚如磐石的信仰本色，铸就了共产党人不朽的精神丰碑。

（二）坚持正确选人用人导向

习近平总书记强调："要坚持德才兼备、以德为先，坚持五湖四海、任人唯贤，坚持事业为上、公道正派，把好干部标准落到实处。"① 坚持正确选人用人导向，培养选拔具有专业能力专业精神、适应新时代中国特色社会主义发展要求的干部；培养选拔在基层扎实历练、在"吃劲"岗位和艰苦地区经受磨炼、业绩突出的干部，优化干部成长路径，拓宽选人视野，统筹干部资源，把党和人民需要的好干部精心培养起来、及时发现出来、合理使用起来。

德才兼备，方堪重任。选人用人重德才，是古今中外治国理政的通则，区别只是德才的内涵不同而已。我们党历来强调德才兼备，并强调以德为先。德包括政治品德、职业道德、社会公德、家庭美德等，干部在这些方面都要过硬，最重要的是政治品德要过得硬。我们党对干部的要求，首先是政治上的要求。选拔任用干部，首先要看干部政治上清醒不清醒、坚定不坚定。选人用人必须把好政治关，把是否忠诚于党和人民，是否具有坚定理想信念，是否增强"四个意识"、坚定

① 习近平：《努力造就一支忠诚干净担当的高素质干部队伍》，《求是》2019年第2期。

“四个自信”，是否坚决维护党中央权威和集中统一领导，是否全面贯彻执行党的理论和路线方针政策，作为衡量干部的第一标准。[①]

“人人好公，则天下太平；人人营私，则天下大乱。”司马光说“君子挟才以为善，小人挟才以为恶。挟才以为善者，善无不至矣；挟才以为恶者，恶亦无不至矣”，“古昔以来，国之乱臣、家之败子，才有余而德不足，以至于颠覆者多矣”。政治上有问题的人，能力越强、职位越高危害就越大。

历史上那些盛世治世，都同注重立公道、举贤良相关。用一贤人则群贤毕至，见贤思齐就蔚然成风。公正用人是我们党立党为公、执政为民在组织路线上的体现，应该成为我们选人用人的根本要求。经过党的十八大以来不断整治，选人用人风气有了明显好转，但选人用人上的不正之风并没有销声匿迹，有的依然相信“不跑不送、原地不动”“又跑又送、提拔重用”那一套，变着法子拉关系、走门子；有的领导干部虽然调走了，却仍然干预曾经工作过的地方和单位的人事安排；有的人还在搞个人说了算，征求意见、集体讨论有名无实，组织程序只是走走过场，等等。防范化解党的建设领域的重大风险，要求我们采取有效措施，遏制住选人用人上的不正之风，做到善则赏之、过则匡之、患则救之、失则革之，把政治生态搞清明。一个地方一个单位，如果群众公认的优秀干部长期被冷落、受排挤，一些投机钻营的人却屡屡得势、顺风顺水，那就肯定出了问题。正所谓公道自在人心。

要注重从各个方面选拔专业化人才，优化领导班子和干部队伍知识结构、能力结构、专业结构。既要加快干部知识更新、能力培训、实践锻炼，更要把那些能力突出、业绩突出，有专业能力、专业素养、专业精神的优秀干部及时用起来。要大力培养选拔在基层扎实历练、

---

① 参见习近平：《努力造就一支忠诚干净担当的高素质干部队伍》，《求是》2019 年第 2 期。

在“吃劲”岗位和艰苦地区经受磨练、业绩突出的干部，优化干部成长路径，拓宽选人视野，统筹干部资源，把党和人民需要的好干部精心培养起来、及时发现出来、合理使用起来。有道是“人在世上练，刀在石上磨”，干部要成长成才，必须经风雨见世面；干部要增强斗争本领，在斗争中历练就是最好的课堂。

“人才自古要养成，放使干霄战风雨。”让干部特别是年轻干部到重大斗争中去经受锻炼，在搏击风浪中增长胆识和才干，才能练就真功夫、硬本领，做到临危不惧、处变不惊，实现化危为机、化险为夷。现在，我们一些干部最缺的是实践经验，特别是缺少在重大斗争中经风雨、见世面的经历。不少干部工作很勤奋，对自己要求也严格，但一到大风大浪来了就没主见了，总希望一切都太太平平的，工作思路也就是这个思路，求稳心态有余，斗争精神不足。要多选一些在重大斗争中经过磨砺的干部，这对优化干部队伍结构、提高科学决策水平和政策执行力大有好处。要加大遴选有这种经历干部的力度，同时要让没有实践经历的干部到重大斗争中去经受锻炼，在克难攻坚中增长胆识和才干。

（三）坚持党管干部原则

习近平总书记指出：“我们党之所以坚强有力，党管干部原则是很重要的原因，要自觉坚持党管干部原则。”[①] 强化党组织领导和把关作用，对政治上不合格的要“一票否决”，把廉洁作为底线要求，有问题的坚决不用。把从严管理干部贯彻落实到干部队伍建设全过程，坚持从严教育、从严管理、从严监督，让每一个干部都深刻懂得，当干部就必须付出更多辛劳、接受更严格的约束。要加强对党员干部特别是领导干部日常管理监督，健全干部随管理成长、管理伴干部一生的制

---

① 中共中央宣传部：《习近平新时代中国特色社会主义思想三十讲》，学习出版社 2018 年版，第 316 页。

度机制，坚持抓早抓小抓预防，用好谈心谈话、提醒函询诫勉等手段，多做咬耳扯袖、防偏纠错的工作。

前些年，江西、山西、辽宁、云南等地政治生态遭到污染，很大原因在于党组织失去了对干部的教育管理，党管干部原则被歪曲、错误执行，甚至被摒弃。江西省委原书记苏荣主政江西时就丧失党性、丧失原则，党组织不再对干部进行把关和教育，致使一些干部买官卖官、权钱交易，正如苏荣在忏悔录中说的那样，“带坏了干部队伍，败坏了社会风气，损坏了政治生态”。

坚持严管和厚爱结合、激励和约束并重，解决好怎么管人的问题。选与管、严与爱、奖与惩是选人用人管人的辩证法。要用科学办法进行管理，切实管到位、管到点子上。干部管理是一门科学，要敢抓善管、精准施策，体现组织的力度；干部管理也是一门艺术，要撑腰鼓劲、关爱宽容，体现组织的温度。完善干部考核评价机制，建立激励机制和容错纠错机制，旗帜鲜明为那些敢于担当、踏实做事、不谋私利的干部撑腰鼓劲，调动广大干部的积极性主动性创造性。好干部是选出来的，更是管出来的。

要着力破解“唯票取人”“唯分取人”“唯 GDP 取人”“唯年龄取人”问题。云南结合当地发展需要，近年来在干部选用上作了改进：全省取消对 19 个限制开发区域和生态脆弱贫困县的 GDP 考核，弱化对 74 个贫困县的 GDP 考核；不简单按每个领导班子硬性配备年轻干部，不简单以年龄划线，不把换届提名年龄作为平时调整的年龄界限，不再对县乡党政领导班子层层递减提出年龄要求。

人才是实现民族振兴、赢得国际竞争主动的战略资源。中国共产党要长期执政，始终保持党的生机与活力，决胜全面建成小康社会、夺取新时代中国特色社会主义伟大胜利，必须聚天下英才而用之，加快建设人才强国。要坚持党管人才原则，围绕团结引领服务，加强政治引领和政治吸纳，使各类人才与党同心同德、同向同行。要营造良好的社会氛围，推动形成人人渴望成才、人人努力成才、人人皆可成才、人人尽展其才的良好局面，让各类人才的创造活力竞相迸发、聪明才智充分涌流。

四、发扬斗争精神，增强斗争本领

习近平总书记强调："领导干部要敢于担当、敢于斗争，保持斗争精神、增强斗争本领，年轻干部要到重大斗争中去真刀真枪干。"[①] 我们党就是在应对、化解和战胜重大风险的伟大斗争中成长成熟的，实践磨练了中国共产党人"踏平坎坷成大道，斗罢艰险又出发"的意志力，提升了防范化解重大风险的定力和能力。

（一）发扬斗争精神，敢于亮剑敢于斗争

在防范化解党的建设领域的重大风险的斗争中，要始终保持充沛顽强的斗争精神，需要以坚强的意志品格为有力支撑。习近平总书记在省部级主要领导干部坚持底线思维，着力防范化解重大风险专题研讨班开班式上发表讲话指出：防范化解风险，需要有充沛顽强的斗争精神。历史总是在曲折中前进的，民族复兴的进程同样不可能一帆风顺。防范化解党的建设领域的重大风险，要做到矛盾问题敢抓、歪风邪气敢管、重大任务敢上，特别是在大是大非问题上要敢于斗争，坚决抵制各种错误思想、观点和言论，有效地掌握党员干部思想动态，有针对性做好思想政治工作，确保政治上的安全。防范风险的斗争也不可能一蹴而就，化解了旧矛盾，还会有新矛盾。在斗争的过程中碰到困难是必然的，遇到一些曲折也是可能的。诚如习近平总书记所言，要以顽强的意志，应对好每一场重大风险挑战。

---

① 刘夏延：《领导干部要保持斗争精神、增强斗争本领》，新华社，http：//www. xinhuanet. com/comments/2019－01/24/c_1124035854. htm。

发扬斗争精神是主观能动性的一种表现形式。我们党是在斗争中诞生、成长、壮大的，经过近百年的奋斗洗礼，斗争精神早已融入党的血脉。无数事实说明，在重大风险面前，主动迎战才有生路，敢于斗争才可能成功。时刻进行具有许多新的历史特点的伟大斗争，要求党员领导干部要始终保持共产党人敢于斗争的风骨、气节、操守、胆魄，对那些可能引发政治风险的大是大非问题，要旗帜鲜明、敢于亮剑；对违背党的原则、损害党的形象的各种歪风邪气，要态度坚决、敢抓敢管。狭路相逢勇者胜。领导干部要摒弃当"太平官"、过舒坦日子的想法，扛起政治责任，永葆斗争精神，层层负责，人人担当，下好先手棋，打好主动仗，在战胜风险挑战中不断开辟前进道路，始终保持共产党人敢于斗争的自觉和胆魄。

自觉强化斗争意识，积极应对风险。斗争精神以斗争意识的形成为前提。从内涵上说，斗争意识既是对风险形势复杂性的充分认知，又是对风险信号的高度警醒，更是对防范风险斗争的长期性、艰巨性的深刻自觉，同时也是对风险一旦发生究竟该如何应对的深思拷问。敢于斗争就要敢于担当担责。习近平总书记指出："干部敢于担当作为，这既是政治品格，也是从政本分。"① "为有牺牲多壮志，敢教日月换新天。"敢于担当、敢于斗争，是共产党人鲜明的政治品格。在防范化解党的建设领域的重大风险中发扬斗争精神，就要有直面问题矛盾的勇气、"在困难面前逞英雄"的豪气、啃硬骨头挑重担的担当、逢山开路遇水架桥的干劲。党的干部要以对党忠诚、为党分忧、为党尽职、为民造福的政治担当，以守土有责、守土负责、守土尽责的责任担当，面对大是大非敢于亮剑，面对矛盾敢于迎难而上，面对危机敢于挺身而出，面对失误敢于承担责任，面对歪风邪气敢于坚决斗争，永葆斗争精神。

---

① 习近平：《努力造就一支忠诚干净担当的高素质干部队伍》，《求是》2019 年第 2 期。

（二）增强斗争本领，善于亮剑善于斗争

习近平总书记指出：必须让我们的干部特别是领导干部经风雨、见世面、长才干、壮筋骨，保持斗争精神、增强斗争本领。面对新情况新问题新挑战，要准备进行具有许多新的历史特点的伟大斗争。软肩膀挑不起硬担子。无论干事创业还是攻坚克难，不仅需要宽肩膀，也需要铁肩膀；不仅需要政治过硬，也需要本领高强。防范化解重大风险是一项艰巨复杂的政治任务，党员干部既要有“燕赵出英雄”的勇气，又要练就十八般武艺，不断提高防范化解党的建设领域的重大风险的能力，增强斗争本领，做到谋勇兼备、善于斗争。

毛泽东同志在《丢掉幻想，准备斗争》中论述指出：“斗争，失败，再斗争，再失败，再斗争，直至胜利——这就是人民的逻辑。”[①] 防范化解党的建设领域的重大风险、维护执政安全要敢于斗争，但是斗争要抓好战略谋划，抓住问题要害，在实践中讲究策略和方法。要坚持防范风险的原则和方向，凡是危害中国共产党领导和我国社会主义制度大的方向和原则的风险就必须进行斗争，而且要取得胜利。要抓主要矛盾和矛盾的主要方面，有理有利有节，把握斗争的时、度、效。要对潜在的风险进行科学预判，知晓风险所在，明了趋势发展。

当然，中国共产党人并非是为斗争而斗争，而是要以斗争化解矛盾、以斗争坚守底线，从而捍卫党、国家和人民的根本利益。中国共产党在面对不同性质的风险矛盾及其不同的发展阶段时，历来善于实事求是地选择恰当的斗争策略，做到底线的原则性和策略的灵活性之间的辩证统一。在革命年代，毛泽东就曾指出：“对抗只是矛盾斗争的一种形式，而不是它的一切形式。”[②] 以适当的策略应对风险挑战，需

---

① 《毛泽东选集》第 4 卷，人民出版社 1991 年版，第 1484 页。

② 毛泽东：《矛盾论》，人民出版社 1975 年版，第 43—44 页。

要审时度势、实事求是地来拟定斗争对策，从而更好地捍卫底线。这绝不意味着斗争精神的丧失，而恰是斗争精神在实践中的智慧表达。只有拟定正确的斗争策略并加以贯彻执行，才能够在实践层面做到稳守底线。

当前，我们前所未有地接近实现中华民族伟大复兴的目标，也面临着前所未有的矛盾风险。这是在新时代永葆斗争精神的现实总依据。有鉴于此，必须在实践维度将斗争精神有机且具体地展现为进行伟大斗争的意志品质和能力水平。斗争本领从我们党的“看家本领”中来，必须以辩证唯物主义和历史唯物主义作为世界观和方法论的根本指引；斗争本领还从科学的思维方法中来，要提高战略思维、历史思维、辩证思维、创新思维、法治思维、底线思维能力，善于从纷繁复杂的矛盾中把握规律。

五、坚决打好反腐败斗争攻坚战、持久战

腐败与党的性质宗旨格格不入，与国家和人民的利益背道而驰，是党执政面临的最大威胁，反腐败是关系党和国家前途命运的重大政治斗争。习近平总书记指出，反腐败斗争形势依然严峻复杂，零容忍的决心丝毫不能动摇，打击腐败的力度丝毫不能削减，必须以永远在路上的坚韧和执着，坚决打好反腐败斗争攻坚战、持久战。

（一）把反腐败斗争进行到底

习近平总书记指出：“不得罪成百上千的腐败分子，就要得罪十三亿人民。这是一笔再明白不过的政治账、人心向背的账！”①

党的十八大以来，人民群众对党风廉政建设和反腐败工作的满意

① 中共中央宣传部编：《习近平新时代中国特色社会主义思想学习纲要》，学习出版社、人民出版社2019年版，第239页。

度不断攀升，从 2012 年的 75%到 2013 年的 81%、2014 年的 88.4%、2015 年的 91.5%、2016 年的 92.9%，至 2017 年达到 93.9%。从信心来看，2018 年，94.1%的群众对推进全面从严治党、遏制腐败现象表示有信心，比 2012 年提高 14.8 个百分点。

我国成立国际追逃追赃工作办公室以来，在党中央坚强领导下，启动“天网”行动，反腐败追逃追赃工作成功开辟新战场，取得显著成效，对外逃腐败分子形成强大震慑，也为国际社会合作打击跨国腐败尽到了重要义务。特别是党的十九大以来，随着纪检监察体制改革深入推进，追逃追赃工作进入新阶段。2014 年至 2018 年，先后追回外逃人员 6690 人，追回赃款 151 亿元人民币，“百名红通人员”已到案 60 人。其中，2018 年，追回外逃人员 1335 人，追回赃款 35 亿多元人民币。①

但反腐败斗争还没有取得彻底胜利，党风廉政建设和反腐败斗争形势依然严峻复杂。这是一场输不起的战争，决不能想着歇一歇、喘口气；决不能让腐败现象死灰复燃、卷土重来，对党造成致命伤害。“新松恨不高千尺，恶竹应须斩万竿。”一定要理直气壮、大张旗鼓地把反腐败斗争进行到底，让腐败分子在党内没有容身之处，坚决防止党内形成利益集团，坚决防范各种利益集团“围猎”和绑架领导干部。反腐败斗争不能退，无处退，必须将“严”字坚持下去。反腐败斗争形势依然严峻复杂，存量仍然不少、增量仍在发生。零容忍的决心丝毫不能动摇，打击腐败的力度丝毫不能削减，必须以永远在路上的坚韧和执着，坚决打好反腐败斗争攻坚战、持久战。

（二）坚持标本兼治，关键在治

习近平总书记强调：“老虎”露头就要打，“苍蝇”乱飞也要拍。

① 参见《推动反腐败国际追逃追赃更加顺畅高效》，中央纪委国家监委网站，https://baijiahao.baidu.com/s?id=1648048190761850769&wfr=spider&for=pc。

反腐败斗争要取得压倒性胜利，必须深入推进标本兼治。用好治标利器、夯实治本基础，要坚持预防为主、防微杜渐，坚持关口前移、源头治理，坚持综合施策、分级防控，坚持思想先行、标本兼治，坚持基础制胜、系统建设，坚持改革创新、精准防范，坚持把握规律、健全机制，坚持群策群力、群防群治，坚持守土有责、守土尽责的原则。

标本兼治，关键在治。必须坚持无禁区、全覆盖、零容忍，坚持重遏制、强高压、长震慑，有力削减存量、有效遏制增量。重点查处政治问题和经济问题相互交织的腐败案件，坚决打击在党内培植个人势力、结成利益集团、妄图攫取党和国家权力的阴谋行径。严厉整治发生在群众身边的腐败问题。深化反腐败国际合作，推进追逃防逃追赃一体化建设，以天罗地网断其后路、绝其幻想。

在治标方面，要下大气力拔“烂树”、治“病树”、正“歪树”，使行为不端、搞权钱交易的人受到震慑和查处，持续向全社会释放反腐败力度不减、节奏不变的强烈信号，强化不敢腐的震慑。要加强制度建设，扎牢不能腐的笼子。要推进反腐败国家立法，规范领导干部配偶、子女经商办企业等行为，通过深化改革和制度创新切断利益输送链条，铲除领导干部被“围猎”这个腐败的“污染源”。要建设覆盖纪检监察系统的检举举报平台，加强大数据分析运用，对实名举报及时反馈处理结果，提高反腐败工作信息化水平。

深入进行反腐败斗争，要推动全面从严治党向基层延伸，严厉整治发生在群众身边的腐败问题，把扫黑除恶同反腐败结合起来，既抓涉黑组织，也抓后面的“保护伞”。坚持国际追逃追赃不停步，加强反腐败综合执法国际协作，持续推进“天网”行动。通过深化改革和制度创新切断利益输送的链条，加强对权力运行的制约和监督，保证干部清正、政府清廉、政治清明，赢来海晏河清、朗朗乾坤。通过推进国家监察体制改革，健全党和国家监督体系，制定国家监察法，组建国家、省、市、县监察委员会，同党的纪律检察机关合署办公，加强党对反腐败工作的统一领导，实现对所有行使公权力的公职人员监察全覆盖。

（三）深化标本兼治，着力构建不敢腐不能腐不想腐的体制机制

坚决打好反腐败斗争攻坚战、持久战，要靠构建不敢腐不能腐不想腐的体制机制。党的十八大以来，反腐败立法取得了前所未有的成就。我们修改完善了《中华人民共和国刑法》《中华人民共和国刑事诉讼法》等有关惩治腐败的条文，制定了《中华人民共和国监察法》，制定和修改了一系列旨在加强和指引反腐败斗争的党内法规，如《中国共产党党内监督条例》《中国共产党纪律处分条例》等，出台了若干法律解释、监察解释、司法解释。尤其是《中华人民共和国监察法》的制定和实施，依法赋予监察委员会职责权限和调查手段，用留置取代“两规”措施，就是运用法治思维和法治方式反对腐败的样本。《中华人民共和国监察法》及相关法律的立改废释，为“打虎”“拍蝇”“猎狐”提供了法律依据，为反腐败斗争取得压倒性胜利提供了强有力的制度保障。

“不敢腐、不能腐、不想腐”的制度机制，集惩治治标、制度与教育治本于一体，二者相互协调，同向用力，形成了遏制、根治、预防腐败的强大合力。比如，落实中央八项规定精神，对顶风违纪者严肃查处、通报曝光，以零容忍态度惩治腐败，有腐必反、有贪必肃，就是强化“不敢”；织密群众监督网、健全改进作风常态化制度，开展以案促改，扎牢制度笼子，完善监管措施，就是强化“不能”；印发案例通报和违纪违法干部忏悔录，推进党性教育、法治教育和道德教育，引导党员、干部增强党性修养，严明公私界线，就是促进“不想”。再比如，开展巡视巡察工作，精准发现问题、持续高悬利剑，就是强化“不敢”；抓好巡视整改和成果运用，推动改革、完善制度，就是强化“不能”；通过整改落实严肃党内政治生活，净化党内政治生态，就是

促进“不想”。正是运用一体推进“三不”思路推动全面从严治党，才使我们党实现从里到外的深度重塑，自我净化、自我完善、自我革新、自我提高的能力不断增强。

防范化解党的建设领域的重大风险，要打通“不敢腐、不能腐、不想腐”三者内在联系，在严厉惩治、形成震慑的同时，扎牢制度笼子、规范权力运行，加强党性教育、提高思想觉悟，一体推进不敢腐、不能腐、不想腐，早日迎来海晏河清！把“三不”作为一个整体加以推进，贯彻了马克思主义基本原理，发展了我们党反腐败理念思路和成效经验，揭示了反腐败斗争基本规律。新形势下巩固发展反腐败斗争压倒性胜利，必须贯彻落实党的十九届四中全会决策部署，强化系统集成，注重协同高效，加快构建一体推进“不敢腐、不能腐、不想腐”体制机制，不断提高反腐败工作质量和水平。

打铁必须自身硬，全面从严治党是我们党立下的军令状。习近平总书记指出，中国共产党是世界上最大的政党，大就要有大的样子。我们党要承担起新时代坚持和发展中国特色社会主义的历史使命，确保党始终走在时代前列，始终成为领导核心，始终成为中国人民和中华民族的主心骨，就必须一以贯之、坚定不移把全面从严治党向纵深推进，防范化解党的建设领域的重大风险，不断提高党的执政能力和领导水平。只有全面增强执政本领，把我们党自身建设好、建设强，才能赢得主动、赢得优势、赢得未来，才能不负人民重托、无愧历史选择，团结带领全国人民在新时代中国特色社会主义的伟大实践中，奋力实现“两个一百年”奋斗目标，实现中华民族伟大复兴的中国梦。

第五章　坚持和完善党的领导制度体系，提高党科学执政、民主执政、依法执政水平

坚持和完善党的领导制度体系，是坚持和完善中国特色社会主义制度的核心要义，是实现国家治理体系和治理能力现代化的根本和关键。习近平总书记强调，要顺利推进新时代中国特色社会主义各项事业，必须完善坚持党的领导的体制机制，更好发挥党的领导这一最大优势，担负好进行伟大斗争、建设伟大工程、推进伟大事业、实现伟大梦想的重大职责。我们要按照党的十九届四中全会的部署要求，健全总揽全局、协调各方的党的领导制度体系，建立不忘初心、牢记使命的制度，完善坚定维护党中央权威和集中统一领导的各项制度，健全党的全面领导制度，健全为人民执政、靠人民执政各项制度，健全提高党的执政能力和领导水平制度，完善全面从严治党制度，把党的领导落实到国家治理各领域各方面各环节。

一、建立不忘初心、牢记使命的制度

党的十九届四中全会提出，要把不忘初心、牢记使命作为加强党的建设的永恒课题和全体党员、干部的终身课题，建立不忘初心、牢

记使命的制度，这充分体现了我们党强烈的宗旨意识和使命担当。

（一）不忘初心、牢记使命是中国共产党人的鲜明本色

初心和使命关系到党的性质，关系到党和国家的前途命运，忘掉了初心、丢掉了使命，就等于背叛，就会失去人民的拥护，就会一败涂地。中国共产党一路走来，成就举世瞩目，根本原因就在于始终坚守了为中国人民谋幸福、为中华民族谋复兴的初心和使命。

2017年党的十九大刚刚闭幕，习近平总书记带领其他中共中央政治局常委同志瞻仰中共一大会址纪念馆，他指出，为什么不能忘记初心？因为共产党人的初心，是我们这个中国共产党长盛不衰、枝繁叶茂的动力源。事业发展永无止境，共产党人的初心永远不能改变。建党近百年以来，我们党始终坚持人民的利益高于一切，党的一切工作的根本出发点就是实现和发展人民群众的利益，党除了最广大人民的利益，没有自己特殊的利益。必须始终坚持以真挚的人民情怀滋养初心，以牢固的公仆意识践行初心，时刻不忘我们党来自人民、根植人民、服务人民。唯有不忘初心，方可告慰历史、告慰先辈，方可赢得民心、赢得时代，方可善作善成、一往无前。

实现中华民族的伟大复兴是近代以来中华民族最伟大的梦想。自诞生之日起，中国共产党就领导中国人民历经艰苦卓绝斗争，实现了民族独立、人民解放，建立起了新中国，确立了社会主义制度，在此基础上实行改革开放，开辟了中国特色社会主义道路，为实现中华民族伟大复兴找到了一条正确的道路。但是，实现中华民族的伟大复兴绝不可能是敲锣打鼓、轻轻松松的。要牢记使命，凝心聚力，越是到紧要关头，就越要坚定信念，越是接近使命完成，就越要鼓足干劲，始终保持振奋的精神和坚定的方向。

“不忘初心方能行稳致远，牢记使命才能开辟未来。我们党要始终保持政治本色和前进动力，就要把不忘初心、牢记使命作为加强党的

建设的永恒课题，作为全体党员、干部的终身课题，让初心和使命在广大党员、干部内心深处铸牢、在思想深处扎根。”[①]

2018 年底，湖北来凤县退役军人事务局采集信息，一位退役老兵的红布包裹，震惊了现场所有人。他就是战功赫赫的“人民功臣”“战斗英雄”张富清。来送资料的张富清的儿子也惊呆了，如果不是这次信息采集，他也从未见过父亲的这些军功章。今年 96 岁的张富清老人，在革命年代曾立下赫赫战功，退役后他又主动选择到偏远的贫困山区工作，60 多年来深藏功与名，不改本色、奉献一生。习近平总书记称赞他，“一辈子坚守初心、不改本色”“用自己的朴实纯粹、淡泊名利书写了精彩人生，是广大部队官兵和退役军人学习的榜样”。[②]

大山深处“老县长”、独龙族的“带头人”高德荣，带领独龙族的乡亲们不懈奋斗，在党和政府的关怀下，在兄弟民族的支持下，把一个封闭、贫穷、落后的民族以崭新的姿态领进了 21 世纪。他本来有条件、有资格享受含饴弄孙的美好退休生活，但他舍弃了，甘愿回到条件艰苦的山区，和本民族群众生活奋斗在一起，把时间精力甚至自己的工资都花在了为家乡建设、帮助群众脱贫致富上。用 40 多年的扶贫之路，坚守诠释了一名共产党员的初心。

（二）深入推进不忘初心、牢记使命制度建设

建立不忘初心、牢记使命的制度，是党的性质宗旨、理想信念的体现。我们党是中国工人阶级的先锋队，同时是中国人民和中华民族的先锋队，党全心全意为人民服务。我们每一名党员，特别是各级党员干部都必须以百姓心为心，与人民同呼吸、共命运、心连心，想问题、作决策、办事情都要站在群众的立场上，让人民群众获得感、幸

① 李学仁：《带头把不忘初心牢记使命作为终身课题　始终保持共产党人的政治本色和前进动力》，《人民日报》2019 年 12 月 28 日。

② 《习近平对张富清同志先进事迹作出重要指示》，新华网，http：//www. xinhuanet. com/politics/leaders/2019－05/24/c _ 1124536735. htm。

福感、安全感更加充实、更有保障、更可持续。理想信念是共产党人初心的本质要求。党的理想信念是对马克思主义的信仰，对社会主义和共产主义的信念。共产党人只有树立了崇高而坚定的理想信念，才能做到不忘初心、牢记使命。广大党员干部要把牢理想信念“总开关”，在大是大非面前旗帜鲜明，在风浪考验面前无所畏惧，在各种诱惑面前立场坚定，在关键时刻让党信得过、靠得住、能放心。

新时代，建立不忘初心、牢记使命的制度，就是要坚持以习近平新时代中国特色社会主义思想为指导，教育引导广大党员干部坚定理想信念、把准政治方向、站稳政治立场，团结带领人民共创民族复兴的历史伟业。一是始终坚定理想信念。共产主义远大理想和中国特色社会主义共同理想，是中国共产党人的精神支柱和政治灵魂，是共产党人精神上的“钙”。一个共产党员如果没有理想信念，理想信念不坚定，精神上就会“缺钙”，就会得“软骨病”，就会经不起诱惑，导致政治上变质、经济上贪婪、生活上堕落。要坚持用共产主义远大理想和中国特色社会主义共同理想凝聚全党、团结人民，用习近平新时代中国特色社会主义思想武装全党、指导工作。坚持和完善党的理想信念教育制度，教育引导广大党员坚持用马克思主义科学理论武装头脑，努力练就“金刚不坏之身”，让党和人民放心。二是时刻把准政治方向。只有社会主义才能救中国，只有中国特色社会主义才能发展中国。改革开放40余年来，我们党之所以能够带领中国人民创造出人类历史上前无古人的发展成就，最根本的原因就是坚持中国特色社会主义这一正确政治方向。中国特色社会主义，既是我们必须不断推进的伟大事业，又是我们开辟未来的根本保证。方向决定前途，道路决定命运。我们要坚定道路自信、理论自信、制度自信、文化自信，坚持党的基本路线不动摇，不断把中国特色社会主义伟大事业推向前进。三是坚决站稳政治立场。马克思主义政党的生命力来自人民群众。一切为了人民，一切依靠人民，为绝大多数人谋利益，致力于实现最广大人民的根本利益，是马克思主义政党最鲜明的政治立场。必须牢固树立“以人民为中心”的思想，始终站在人民群众的立场上，真心为群众着想，全力为群众造福，维护好、实现好、发展好最广大人民的根本利益。必须始终把人民对美好生活的向往作为我们的奋斗目标，践行党的根本宗旨，贯彻党的群众路线，尊重人民主体地位，尊重人民群众在实践活动中所表达的意愿、所创造的经验、所拥有的权利、所发挥的作用，充分激发蕴藏在人民群众中的创造力。必须着力解决人民群众所需所急所盼，让人民共享经济、政治、文化、社会、生态等各方面发展成果，有更多、更直接、更实在的获得感、幸福感、安全感，不断促进人的全面发展、全体人民共同富裕。

新时代，建立不忘初心、牢记使命的制度，就是要严格遵守党章，认真贯彻执行《关于新形势下党内政治生活的若干准则》，健全激励干部担当作为机制，用初心使命锤炼党员、干部忠诚干净担当的政治品格。首先，坚持和完善学习党章、遵守党章的制度。党章对党员权利和义务、党的制度、党的纪律和各级党组织的行为规范都作出了明确规定，是党的根本大法，是立党、管党、治党的总章程，是全体党员必须遵循的总规矩。习近平总书记反复强调，学习党章是全体党员的基本功，这个功课要经常做。坚持和完善学习党章、遵守党章的制度，就是要教育引导广大党员、干部牢固树立党章意识，自觉学习党章、严格遵守党章、认真贯彻党章、坚决维护党章，真正做到内化于心、外化于行。其次，严格党内政治生活各项制度。党内政治生活是党组织教育管理党员和党员进行党性锻炼的主要平台。有什么样的党内政治生活，就有什么样的党员、干部作风。一个班子强不强、有没有战斗力，同有没有严肃认真的党内政治生活密切相关；一个党员、干部强不强、威信高不高，也同是否经过严肃认真的党内政治生活锻炼密切相关。必须严格“三会一课”制度、民主生活会制度、组织生活会制度、领导干部双重组织生活会制度、党员党性分析制度、党员民主评议制度等党内政治生活各项制度，创新方式方法，增强党内政治生活的政治性、时代性、原则性、战斗性。再次，健全激励干部担当作为制度机制。从制度机制上为干部担当作为加油打气、撑腰鼓劲。在严管的基础上，更加注重厚爱，通过建立容错纠错机制，旗帜鲜明地为敢于担当、积极作为、不谋私利的干部担当。要客观看待和正确处理干部在改革创新、干事创业中出现的问题，把因缺乏经验先行先试出现的失误与明知故犯行为区分开来，把国家尚无明确规定时的探索性试验与国家明令禁止后的有规不依行为区分开来，把为推动改革的无意过失与为谋取私利的故意行为区分开来，鼓励干部敢于闯关夺隘、攻城拔寨，勇于担当作为、大胆实践。

二、完善坚定维护党中央权威和集中统一领导的各项制度

党的领导是中国特色社会主义最本质的特征，也是中国特色社会主义制度的最大优势，其中的核心就在于坚定维护党中央权威和集中统一领导。

（一）加强各项制度建设，坚决做到“两个维护”

坚决维护习近平总书记党中央的核心、全党的核心地位，坚决维护党中央权威和集中统一领导，是党的十八大以来我们党的重大政治成果，是新时代全党最重要的政治纪律和政治规矩。《中国共产党章程》明确规定，必须实行正确的集中，牢固树立“四个意识”，“坚定维护以习近平同志为核心的党中央权威和集中统一领导，保证全党的团结统一和行动一致，保证党的决定得到迅速有效的贯彻执行”。

我国国家制度和国家治理体系具有多方面的显著优势，首要的就在于坚持党的集中统一领导，确保国家始终沿着社会主义方向前进。在国家治理体系的大棋局中，党中央是坐镇中军帐的“帅”，车马炮各

展其长，一盘棋大局分明。要坚持党对一切工作的领导，坚持党政军民学，东西南北中，党是领导一切的，坚决维护党中央权威。常言道，令之不行，政之不立。一个拥有9000多万名党员、460多万个党组织的世界第一大党，如果有令不行、有禁不止，必会组织涣散，变成一盘散沙，失去凝聚力和战斗力。习近平总书记强调，坚决维护党中央权威、保证全党令行禁止，是党和国家前途命运所系，是全国各族人民根本利益所在。维护党中央权威，就是要在全党牢固树立政治意识、大局意识、核心意识、看齐意识，保证令行禁止，把党中央的精神和决策部署不折不扣落到实处。

马克思主义政党历来强调领导核心的重要性，没有核心就没有党中央的权威和集中统一领导，全党就没有凝聚力、向心力，也就没有战斗力。恩格斯在《论权威》一文中，曾以列车运行为例，指出："不论在哪一种场合，都要碰到一个表现得很明显的权威。不仅如此，假如铁路员工对乘客先生们的权威被取消了，那么，第一趟开出的列车会发生什么事情呢?"在此基础上，他又进一步说道："但是，能最清楚地说明需要权威，而且是需要最专断的权威的，要算是在汪洋大海上航行的船了。那里，在危险关头，要拯救大家的生命，所有的人就得立即绝对服从一个人的意志。"[①] 拥有坚强有力的领导核心，是中国特色社会主义制度的优势之所在，也是党的事业从胜利走向新的更大胜利的关键之所在。坚定维护党中央权威和集中统一领导，最关键的就是坚决维护习近平总书记党中央的核心、全党的核心地位。正如邓小平同志所指出的，"任何一个领导集体都要有一个核心，没有核心的领导是靠不住的"。[②]

在中国这样的大党大国，如果没有一个核心掌舵，没有党中央的权威和集中统一领导，是很难想象的。我们要深刻认识到，党中央的

① 《马克思恩格斯选集》第3卷，人民出版社1995年版，第225—226页。

② 《邓小平文选》第3卷，人民出版社1993年版，第310页。

权威决定各级党组织的权威，各级党组织的权威来自党中央的权威。落实“两个维护”，既不能搞层层套用，也不能搞随意延伸。要深刻认识到，维护习近平总书记核心地位，就是维护党中央权威和集中统一领导；维护党中央权威和集中统一领导，首先要维护习近平总书记核心地位。在时代挑战面前，对“两个维护”的任何偏离都有可能犯颠覆性的错误。要把“两个维护”体现在各项制度规定中，坚决防止和纠正一切偏离“两个维护”的错误言行。

（二）不断完善坚定维护党中央权威和集中统一领导的各项制度

坚持和加强党的全面领导，更好地发挥党的领导这一最大政治优势，最重要的是坚决维护党中央权威和集中统一领导。这就要求我们，要不断完善坚定维护党中央权威和集中统一领导的各项制度。

一是健全党中央对重大工作的领导体制机制。坚持和加强党的全面领导，首先要坚持和加强党对涉及事业发展全局的重大工作的集中统一领导。党的十八大以来，以习近平同志为核心的党中央进一步加强党的集中统一领导，建立健全党对重大工作的领导体制机制，为统筹推进“五位一体”总体布局、协调推进“四个全面”战略布局提供了强有力的领导保障。党的十九大后，在深化党和国家机构改革的基础上，党中央对重大工作的领导体制机制进一步完善。各级各部门要严格落实这些制度，及时健全相关工作机制，保证党中央令行禁止，确保党中央决策部署及时传导、不打折扣、充分执行。

二是完善推动党中央重大决策落实机制。“一分部署、九分落实。”党的十八大以来，中央有关部门相继健全和完善了贯彻落实党中央决策部署的任务分工、督促检查、情况通报、监督问责等制度机制，有效保证了党中央决策部署的贯彻落实。但是，近年来严肃查处的秦岭北麓西安境内违建别墅问题、安徽阜阳市搞形式主义问题等，还是不同程度地反映了一些地方、一些部门，在贯彻落实党中央决策部署过程中装样子、搞变通，有令不行、有禁不止，甚至弄虚作假、阳奉阴违。这些问题必须引以为戒，坚决杜绝。各级各部门要进一步优化完善推动党中央重大决策落实机制，制定责任清单，消除条块梗阻，力戒形式主义、官僚主义。要建立定期就习近平总书记重要指示批示和党中央决策部署贯彻落实情况“回头看”和报告、通报制度，认真解决贯彻落实中存在的困难和问题，确保党中央政令执行到位。

三是严格执行向党中央请示报告制度。请示报告是党的重要政治纪律、组织纪律、工作纪律。《中国共产党重大事项请示报告条例》确立了党内请示报告制度，全面规定了报告的内容和基本程序。其中，明确规定涉及党和国家工作全局的重大方针政策，经济、政治、文化、社会、生态文明建设和党的建设中的重大原则和问题，国家安全、港澳台侨、外交、国防、军队等党中央集中统一管理的事项，以及其他只能由党中央领导和决策的重大事项，必须向党中央请示报告。超出自身职权范围的事项必须请示报告，在自身职权范围内关乎全局、影响广泛的重要事情和重要情况也应当请示报告。各地区各部门党组织要切实担负起请示报告的主体责任，既牢记授权有限，该请示的必须请示，该报告的必须报告，又牢记守土有责，该负责的必须负责，该担当的必须担当。请示报告要实事求是，全面如实请示报告工作、反映情况、分析问题、提出建议，不能打折扣、搞变通，掩盖问题、粉饰太平，甚至虚报浮夸、弄虚作假。

四是健全维护党的集中统一的组织制度。党的力量来自组织。健全维护党的集中统一的组织制度，才能更好发挥党的凝聚人心、团结群众作用。党中央是大脑和中枢，对党和国家事业全局进行集中统一领导，必须要有定于一尊、一锤定音的权威。党的地方组织的根本任务是确保党中央决策部署贯彻落实，坚决做到有令即行、有禁即止。党的基层组织要突出政治功能，以提升组织力为重点，扩大组织覆盖面和工作覆盖面，确保党的领导能够贯彻到基层。每一名党员、干部要强化党的意识和组织观念，在思想上认同组织、政治上依靠组织、工作上服从组织、感情上信赖组织，自觉做到忠诚干净担当。

三、健全党的全面领导制度

中国特色社会主义制度是在党的领导下探索形成和不断完善的，党的领导是党和国家事业发展的“定海神针”。面对当今世界百年未有之大变局，身处实现中华民族伟大复兴关键时期，健全党的全面领导制度，把党的领导这一最大优势更加充分发挥好，是我们事业能否成功的关键所在。

（一）充分认识坚持和加强党的全面领导的极端重要性

坚持无产阶级政党的领导，是科学社会主义的一条基本原则，是马克思主义建党学说和国家学说的一个基本观点。中国共产党一贯坚持马克思主义建党学说和国家学说，不断深化拓展对党的领导的规律性认识和具体实践内容。1962 年 1 月 30 日，毛泽东同志在中央工作扩大会议上提出：“工、农、商、学、兵、政、党这七个方面，党是领导一切的。”① 改革开放以后，邓小平同志一再强调，“坚持四项基本原则的核心，就是坚持党的领导”②。党的十八大以来，习近平总书记开创性地提出中国特色社会主义最本质的特征、中国特色社会主义制度的最大优势是党的领导，强调要“推进党的领导制度化、法治化”。他在十九大报告中明确指出：“党政军民学，东西南北中，党是领导一切的。必须增强政治意识、大局意识、核心意识、看齐意识，自觉维护党中央权威和集中统一领导，自觉在思想上政治上行动上同党中央保持高度一致。”

---

① 《毛泽东文集》第 8 卷，人民出版社 1999 年版，第 305 页。
② 《邓小平文选》第 2 卷，人民出版社 1994 年版，第 342 页。

党的领导是历史的必然、人民的选择、长期执政的要求。中国共产党自成立以来，领导中国人民，坚持把马克思主义基本原理同中国具体实际相结合，赢得了中国革命胜利。新中国成立以后，我们始终坚持党的领导，充分发挥社会主义制度集中力量办大事的优势，统一高效组织各项事业、开展各项工作，成功应对一系列重大风险挑战、克服无数艰难险阻，创造了世所罕见的经济快速发展奇迹和社会长期稳定奇迹。历史实践充分证明，如果没有中国共产党领导，我们的国家、我们的民族就不可能取得今天这样举世瞩目的伟大成就，就不可能具有今天这样的国际地位。坚持和完善党的领导，是党和国家的根本所在、命脉所在，是全国各族人民的利益所在、幸福所在。

办好中国的事情，关键在党。进入新时代、踏上新征程，只有坚持和加强党的全面领导，不断增强党的创造力、凝聚力、战斗力，才能更好凝聚起同心共筑中国梦的磅礴力量。我们必须毫不动摇地坚持和加强党的全面领导，自觉贯彻党总揽全局、协调各方的根本要求，提高政治站位，强化责任担当，推进各方面制度建设、推动各项事业发展、加强和改进各方面工作，把党建设成为始终走在时代前列、人民衷心拥护、勇于自我革命、经得起各种风浪考验、朝气蓬勃的马克思主义执政党。

（二）健全党的全面领导制度，把党对一切工作的领导贯彻落实好

党对一切工作的领导，贯穿于党和国家工作的全过程和各环节。其中包括对经济工作的领导、政治建设的领导、文化建设的领导、社会建设的领导和生态文明建设的领导。中国特色社会主义制度是一个严密完整的科学制度体系，起四梁八柱作用的是根本制度、基本制度、重要制度，其中具有统领地位的是党的全面领导制度。要把党的全面领导内化于全面依法治国的深入推进中，融汇于全面深化改革的顶层

设计中，贯穿于党的建设要求的通篇布局中，把坚持和加强党的全面领导的要求体现在党的组织制度和组织原则之上，体现到国家治理的各方面制度安排之中，突出党的全面领导制度在中国特色社会主义制度和国家治理体系中的统领地位，彰显我们党牢记初心使命、以坚强领导铸就千秋伟业的责任担当。

第一，实现党的全面领导制度化、法治化。充分有效发挥党总揽全局、协调各方的领导核心作用，确保各级各方面在党的统一领导下，各就其位、各司其职、各尽其责、有序协同，保证中央和地方各级政令统一、运行顺畅、执行高效、充满活力。按照《中共中央关于加强党的政治建设的意见》提出的各项要求，进一步研究制定党领导经济社会各方面重要工作的党内法规；全面贯彻落实宪法规定，在制定和修改有关法律法规时，要明确规定党领导相关工作的法律地位；将坚持党的全面领导的要求载入人大、政府、法院、检察院的组织法，载入政协、民主党派、工商联、人民团体、国有企业、高等学校、有关社会组织的章程，健全党对这些组织实施领导的制度规定。

第二，健全各级党委（党组）工作制度。严格执行《中国共产党地方委员会工作条例》，党的各级地方委员会要充分发挥在本地区总揽全局、协调各方的领导核心作用，确保把方向、管大局、作决策、保落实职能的有效发挥；严格执行《中国共产党党组工作条例》，按照党组开展工作的相关原则，讨论和决定有关重大问题，认真履行全面从严治党责任、提高党的建设质量等方面的任务；进一步完善和落实民主集中制各项制度，健全“三重一大”决策监督机制，切实提高决策民主化、科学化水平。

第三，完善党领导各项事业的具体制度。健全党领导经济社会各方面重大工作的制度规定，坚持和加强党对军队的绝对领导、党对政法工作的绝对领导、党对国家安全工作的绝对领导、党对经济工作的领导、党对统战工作的政治领导和党对其他方面工作的领导，确保党管干部、党管人才、党管意识形态、党管农村工作、党管办学方向等原则落到实处。健全和完善党领导实施重大战略的制度机制，围绕打赢三大攻坚战、实施“七大战略”、“一带一路”建设等，健全统一领导、统筹协调、督促检查等相关具体制度。

第四，完善党和国家机构职能体系。按照党中央的统一部署，以坚持和加强党的全面领导为统领，以推进党和国家机构职能优化协同高效为着力点，把机构职责调整优化同健全完善制度机制有机统一起来，把加强党的长期执政能力建设同提高国家治理水平有机统一起来，继续巩固党和国家机构改革成果，构建系统完备、科学规范、运行高效的党和国家机构职能体系。进一步理顺党政机构职责关系，加强党政机构职能统筹，发挥好党的职能部门统一归口协调管理职能，统筹本领域重大工作，形成统一高效的领导体制，确保实施党的集中统一领导。

四、健全为人民执政、靠人民执政各项制度

全心全意为人民服务是我们党的根本宗旨，人民立场是我们党的根本政治立场。《中国共产党章程》明确规定：“党除了工人阶级和最广大人民群众的利益，没有自己特殊的利益。党在任何时候都把群众利益放在第一位，同群众同甘共苦，保持最密切的联系，坚持权为民所用、情为民所系、利为民所谋，不允许任何党员脱离群众，凌驾于群众之上。”

（一）始终坚持以人民为中心

马克思主义认为，人民群众是历史的主体，是推动社会发展进步的决定力量。党的十八大以来，习近平总书记一直强调要坚持“以人民为中心”的价值取向，落实好以人民为中心的发展思想。他指出：

"以人民为中心的发展思想，不是一个抽象的、玄奥的概念，不能只停留在口头上、止步于思想环节，而要体现在经济社会发展各个环节。"① 这就鲜明地指出了共产党员坚持政治立场的方向和方法，强调了每一名党员、干部在实践中务必要把以人民为中心真正落实到每一个的具体行动上。

牢固坚守人民立场。毛泽东同志明确指出："我们是站在无产阶级的和人民大众的立场"②。2016 年 7 月 1 日，习近平总书记在庆祝中国共产党成立 95 周年大会上的讲话中强调："人民立场是中国共产党的根本政治立场，是马克思主义政党区别于其他政党的显著标志。"判断一个党员或组织的先进性和纯洁性，不是由这个政党本身来下结论，而是由人民群众来评判的，是以人民群众的满意度为衡量标准的。因此，只有毫不动摇地坚持人民立场，才能使党获得人民的认同，从而确保党始终保持先进性和纯洁性。近百年的风雨历程充分表明，人民立场是我们党的力量之源。坚守党的人民立场就要坚持以人民为中心，立党为公、执政为民，树立真挚的人民情怀，始终相信人民，紧紧依靠人民，把人民对美好生活的向往作为自身不懈的奋斗目标；就是要始终把人民放在心中最高位置，与人民同甘苦共命运，在思想和感情深处真正要把人民群众当主人，对待人民要有敬畏之心，深刻认识人民群众是"历史主体""权力主体"，把自己真正当作人民的服务员；就是要让每一名党员干部特别是领导干部清醒地认识到手中的权力是人民赋予的，只能把权力用到为人民谋幸福上，心中要始终装着老百姓，"先天下之忧而忧，后天下之乐而乐"做到不谋私利、克己奉公。

毫不动摇坚持"民心是最大的政治"。人心向背关系党的生死存

---

① 习近平：《在省部级主要领导干部学习贯彻党的十八届五中全会精神专题研讨班上的讲话》，《人民日报》2016 年 5 月 10 日。

② 《毛泽东选集》第 3 卷，人民出版社 1991 年版，第 848 页。

亡。党的根基在人民、党的力量在人民。离开了人民，党的一切理论和奋斗不但会落空，而且会变得毫无意义。苏共的垮台和苏联的解体，恰恰说明了这一点。历史反复证明，一个政党也好，一个政权也好，得民心则兴，失民心则亡。过去是这样，现在是这样，将来也是这样。任何一个政党、任何一个政权都不能违背这一规律。中国共产党近百年的奋斗历程表明，我们党之所以能够成为领导中国革命、建设和改革事业的核心力量，之所以能够承担起中国人民和中华民族赋予的历史重托，之所以能够在剧烈变动的国际国内环境中始终立于不败之地，根本原因是我们党始终坚持党除了最广大人民的利益，没有自己的特殊利益，把合乎最广大人民群众的最大利益、为最广大人民群众所拥护，作为自己一切言论和行动的最高标准。不论在任何时候任何情况下，党只有始终与人民心连心、同呼吸、共命运，始终依靠人民推动历史前进，才能做到坚如磐石。

充分尊重人民的主体地位。历史是人民书写的，人民是国家的主人，坚持以人民为中心就要充分尊重人民的主体地位。人民的主体地位必须通过一系列的制度安排才能得以实现，也必须通过制度来予以保障。要始终坚持和完善保障人民主体地位的各项制度，让广大人民群众真正参与到国家治理体系中来，让他们内心真正感到自己是国家的主人，是决定国家前途和命运的根本力量。要尊重人民的首创精神，尤其是紧紧依靠人民推动改革。广大人民群众在生产生活中积累了许许多多的真知灼见，必须最大限度地集中人民群众的智慧和力量，为改革提供众志成城的民意支撑和智力支持。要使全面深化改革的过程成为人民群众广泛参与、普遍受益的过程，真正把尊重人民的主体地位落到实处。

始终坚持一切工作为了人民。习近平总书记强调，“要着力践行以人民为中心的发展思想”[①]，要不断解决人民最关心最直接最现实的利

① 习近平：《在省部级主要领导干部学习贯彻党的十八届五中全会精神专题研讨班上的讲话》，《人民日报》2016年5月10日。

益问题，努力让人民过上更好生活。具体而言，党的一切工作都要围绕着人民群众来开展，制定的各项政策都要从人民的实际需要出发、从最终服务于人民的幸福出发，不断提升人民的获得感、幸福感。各级党组织开展各项具体工作时，要从人民的根本利益出发，急人民之所急，想人民之所想，供人民之所需，做到对人民负责、尊重民意。党员、干部要做为人民服务的实践者，坚持一切为了人民开展各项工作，密切联系群众，热情服务群众，让人民群众的获得感、幸福感、安全感更加充实、更有保障、更可持续。

紧紧依靠人民。习近平总书记指出，只要我们深深扎根人民、紧紧依靠人民，就可以获得无穷的力量，风雨无阻，奋勇向前。没有一种力量，比来自于人民群众的力量更加强大。新时代中国特色社会主义的伟大实践离不开人民群众的力量，实现“两个一百年”的奋斗目标更离不开人民群众的力量。我们要紧紧依靠人民群众谋划改革和推动发展，让人民群众的积极性、主动性、创造性得到充分发挥，做到问政于民、问需于民、问计于民，把人民满意不满意作为衡量工作成败的根本标准。从人民的实践创造和发展要求中汲取前进动力，为事业的发展增添破浪前行的强大力量。

在福建省东山县，到处传颂着老书记谷文昌的动人事迹。他时时处处为老百姓着想，在东山县任职期间，带领当地干部群众通过十几年的努力，在沿海建成了一道惠及子孙后代的防护林，在老百姓心中树起了一座不朽的丰碑。他虽然已去世多年，但他的名字一直没有被东山人民忘记，是永远活在人民心中的县委书记。

2013 年 5 月 23 日，北川县副县长兰辉带病坚持工作，在下乡检查工作途中不幸意外坠崖，因公殉职。他参加工作近 30 年，一心为民、无私奉献，在汶川特大地震后，强忍失去 3 个亲人的悲痛，勇挑重担、主动作为，始终战斗在抢险救灾、灾后恢复重建一线。习近平总书记指出，兰辉同志始终把党和人民的事业放在心中最高位置，是用生命践行党的群众路线的好干部，是新时期共产党人的楷模。①

（二）健全为人民执政、靠人民执政各项制度，为人民执好政、掌好权

中国共产党是中国最广大人民根本利益的忠实代表者和坚定维护者。共产党执政就是为人民执政、靠人民执政。健全为人民执政、靠人民执政各项制度，事关共产党执政基础的巩固，是中国共产党长期执政的制度性安排。

一是完善密切联系群众制度。党与人民风雨同舟、生死与共，始终保持血肉联系，是党战胜一切困难和风险的根本保证。共产党执政以后，最大的危险就是脱离群众，必须始终保持党同人民群众的血肉联系。我们党长期形成并保持的与人民群众的血肉联系，一方面来自党的高度自觉，另一方面来自党的纪律的高度约束。我们要继续保持党与人民群众的密切联系，除了使每个党员强化群众意识之外，也必须强化党的群众纪律。党的群众纪律是党组织和党员在处理与人民群众的关系时必须遵守的规矩和规范。党的各级组织和党员、干部，都要努力加强同人民群众的联系，反对形形色色的官僚主义，严格执行群众纪律。密切联系群众是我们党最大的政治优势，必须要有一套制度来保障。党的十八大以来，从中央到地方各级党组织都探索实行了一些联系群众的制度，取得了一定成效，比如党员领导干部联系点制度等，这些都为我们下一步完善密切联系群众制度积累了宝贵经验。

二是健全践行根本宗旨制度。中国共产党是全心全意为人民服务的马克思主义执政党，党的各级干部是人民的公仆、人民的勤务员。全心全意为人民服务是我们党的根本宗旨。我们党来自人民，失去人民拥护和支持，就会失去根基。要时刻关注解决群众的利益问题，努

① 参见《向践行党的群众路线的好干部兰辉同志学习》，《人民日报》2013年9月24日。

力满足人民对美好生活的向往。在现代化建设的过程中，一定要使群众得到应该得到的、看得见的物质利益，而且随着经济的发展，要使群众得到的、看得见的物质利益不断有所增加。通过进一步健全践行根本宗旨的各项制度，督促引导各级党组织和广大党员、干部特别领导干部，把努力提高人民群众的生活水平作为自己的基本职责，把党中央关爱民众、改善民生的决策部署落实到各项具体工作中去，从最困难的群体入手，从最突出的问题着眼，从最具体的工作抓起，通堵点、疏痛点、消盲点，为人民群众办实事、解难事，不断增强人民群众获得感、幸福感、安全感，把人民群众对美好生活的向往变为现实。

为打通联系服务群众“最后一公里”，加强和改进机关作风，昆明市市级机关党员和党组织以“万名党员进社区”“关爱滇池·春城志愿者在行动”两项志愿服务活动为载体，把服务群众落实到党员的经常性活动中，增强了市级机关各单位党员服务基层的意识，牢固树立了为人民服务的宗旨。截至 2018 年 10 月，共走访慰问居民群众 13565 余人，成功化解群众矛盾 1400 余起，为社区居民办好事实事 24322 件，提供滇池治理“六部门”联动执法线索 1345 条，劝阻污染河道的不文明行为 2465 起，发放宣传滇池保护资料 23454 份，征集市民保护滇池的意见建议 1212 条。[①]

三是创新群众工作机制。新时代，党的事业能不能顺利发展，关键就在我们党能不能始终坚持党的群众路线，能不能充分发挥人民群众的积极性、主动性、创造性，始终与人民同行。坚持群众路线，做好群众工作，关键就是在思想上牢固树立马克思主义的群众观点，在工作上坚持对党负责和对人民负责相一致，在方式方法上既要依靠群众又要教育和引导群众，不断增强群众的觉悟，坚定群众跟党走的决心和信心。要带着感情做群众工作，通过致力于发展，不断满足群众

---

① 参见中共昆明市级机关工委：《云南昆明市：万名党员进社区　服务群众零距离》，中国共产党新闻网，http://dangjian.people.com.cn/n1/2018/1023/c420318－30358031.html。

的利益需求。从制度上，探索创新群众工作机制，通过推进社会主义协商民主广泛、多层、制度化发展，以基层民主协商最大限度地化解各类基层矛盾；通过完善中国特色社会主义法治体系，依法保障人民群众各项合法权益；通过管好网络、制定规则，下好互联网使得群众工作“先手棋”；通过群团组织活动，以群众为中心，让群众当主角，坚持力量配备、服务资源向基层倾斜。

近年来，济南市按照协商于民、协商为民的要求，探索推进基层协商民主工作，以协商的方式解决群众关心关切问题。2015 年 8 月，市委召开全市基层协商民主试点工作会议，制定印发《关于推进全市村、社区协商民主工作的实施方案》；2016 年 11 月，在调研总结试点经验基础上，研究出台《关于加强村（社区）协商民主工作的实施意见》。针对“谁来协商”“协商什么”“怎么协商”“协商结果是什么”“决策事项怎么办”等关键问题，分别探索设定具体的操作规范，建立了协商民主工作标准，打造了规范化的协商格局。截至 2018 年 9 月，共建立协商议事机构 2360 多个，协商解决公共事务 3800 多件、民生实事 5460 多件、突出矛盾 830 多件，居民参与协商民主的积极性不断提高。[①]

四是强化相关监督机制。对照国外政党处理党群关系的经验教训，我们能够清醒地看到为人民执好政、掌好权，就必须要不断完善社会主义民主和法治，健全和完善权力监督机制，保证人民赋予的权力始终用来为人民谋利益。党的执政地位，给我们党运用手中的权力为人民服务提供了许多便利条件。但是，权力如果得不到监督，就会滥用，就会产生腐败，这是一条铁的规律。对党员干部特别是领导干部运用权力，必须实行强有力的监督。凡是涉及群众切身利益的决策都要充分听取群众意见，凡是损害群众利益的做法都要坚决防止和纠正。通

① 参见中共济南市委组织部：《山东济南市：以基层协商民主为抓手 探索形成党建引领城市基层治理的有效路径》，中国共产党新闻网，http：//dangjian. people. com. cn/n1/2018/0913/c420318—30291270. html。

过广泛的党内监督和人民群众监督，提高权力运行的透明度，保证把人民赋予的权力真正用到为民服务上来，确保为人民执好政、掌好权。

五、健全提高党的执政能力和领导水平制度

我们党已经从领导人民为夺取全国政权而奋斗的党，成为领导人民掌握全国政权并长期执政的党。在深化执政党建设规律认识和巩固党的长期执政战略考量基础上，我们党提出健全提高党的执政能力和领导水平制度。只有不断健全提高党的执政能力和领导水平制度，才能使党的领导更加适应实践、时代、人民的要求，从而把党的领导落实到国家治理各领域各方面各环节。

（一）坚持科学执政、民主执政、依法执政

在长期的执政实践中，我们党对改进领导方式和执政方式进行了不懈的探索。历史的经验告诉我们，必须坚持科学执政、民主执政、依法执政。

第一，必须坚持科学执政。科学执政，就是要结合中国实际不断探索和遵循共产党执政规律、社会主义建设规律、人类社会发展规律，以科学的思想、科学的制度、科学的方法领导中国特色社会主义事业。一是以马克思主义科学理论为指导，不断提高全党马克思主义水平。马克思主义特别是马克思主义的最新理论成果——习近平新时代中国特色社会主义思想，为我们适应新形势新任务新要求提供了强有力的理论指导。要大力弘扬理论联系实际的马克思主义学风，以领导干部的学习带动全党的学习，以领导干部理论水平的提升带动全党理论水平的提升。要在马克思主义指导下，紧密结合新的历史条件和时代任务，解放思想、实事求是、与时俱进，及时研究新情况、解决新问题、总结新经验，不断提高党的执政能力和领导水平。二是以科学制度保

障党的执政实践。制度建设既是党执政的遵循，又是党执政的保障，必须把制度建设贯穿于党的执政活动的各领域和全过程，大力推动制度创新。要增强制度建设的严密性、科学性，提高各项制度之间的关联性、互补性和协调性，既要有实体性制度又要有程序性制度，既要明确规定应该怎么办、不应当怎么办又要明确违反制度该怎么处理，减少制度执行的自由裁量空间，确保以科学的制度保障党的执政实践的科学化。三是以科学方法推进党的执政实践。对于执政党来说，其执政成效如何，方法是否科学至关重要。我们要不断适应时代的变化和形势的发展，在面对复杂多变的国际国内局势环境时，既要继承和发展党在长期实践中积累的成功方法，也要积极探索运用现代科学方法，还要借鉴外国执政党的有益做法，实现党的执政方法的科学化。

第二，必须坚持民主执政。民主执政，就是要坚持为人民执政、靠人民执政，支持和保证人民当家作主，坚持和完善人民民主专政，坚持和完善民主集中制，发展社会主义民主政治，巩固和发展爱国统一战线。坚持民主执政，是完善党的领导方式和执政方式的必然要求。我国是社会主义国家，国家的一切权力属于人民。共产党执政，就是领导和支持人民当家作主。面对新形势新任务，我们党在领导方式和执政方式上还存在一些不适应的地方。因此，只有坚持民主执政，不断完善党的领导方式和执政方式，才能不断提高党的执政能力和领导水平，最大限度地调动广大人民群众参与管理国家事务的积极性和创造性，体现人民当家作主的地位，体现社会主义制度的优越性。坚持民主执政，既要通过一系列的法律制度来规范和保障，也要通过一系列的方法措施来体现和落实。在实践中，要大力发展社会主义民主政治，扩大人民有序政治参与，保证人民依法实行民主选举、民主协商、民主决策、民主管理、民主监督；坚持和完善以人民代表大会制度为核心的人民民主制度，进一步加强人民当家作主制度保障；推动协商民主广泛、多层、制度化发展，统筹推进政党协商、人大协商、政府协商、政协协商、人民团体协商、基层协商以及社会组织协商；高举爱国主义、社会主义旗帜，牢牢把握大团结大联合的主题，坚持一致性和多样性统一，巩固和发展爱国统一战线。

第三，必须坚持依法执政。依法执政，就是要坚持依法治国，厉行法治，推进科学立法、严格执法、公正司法、全民守法，不断提高国家经济、政治、文化、社会生活的法制化和规范化水平。依法执政是我们党在科学总结党执政的历史经验基础上提出来的。坚持依法执政，根本的是要坚持把党的领导、人民当家作主和依法治国有机统一起来。首先，党的领导是人民当家作主和依法治国的根本保证。中国共产党是中国革命和中国特色社会主义事业的领导核心。共产党执政，就是领导和支持人民当家作主。坚持党的领导是实现人民当家作主的政治前提，能否切实保证人民当家作主，是检验党的执政能力和领导水平的重要标准。宪法和法律是党的主张和人民意志相统一的体现。党领导人民制定了法律，也就必须领导人民执行法律，即领导人民依照法律治理国家。其次，人民当家作主是社会主义民主政治的本质特征。人民当家作主是党的一切为了人民、一切依靠人民的根本立场、观点和群众路线在政治建设中的体现。在社会主义条件下，只有靠共产党的领导，才能巩固和发展人民当家作主的政治地位。我国的宪法和法律是人民意志的体现，依法治国实质上就是依照人民意志治理国家，就是人民当家作主。最后，依法治国是党领导人民治理国家的基本方式。依法治国，就是广大人民群众在党的领导下，依照宪法和法律规定，通过各种途径和形式管理国家事务，管理经济和文化事业，管理社会事务，保障国家各项工作都依法进行，逐步实现社会主义民主的制度化、法律化。党是依法治国的领导主体，人民是依法治国的实践主体。

（二）进一步健全提高党的执政能力和领导水平的各项制度

坚持和加强党的领导，必须不断提高党的执政能力和领导水平；

坚持和完善党的领导制度体系，必须健全提高党的执政能力和领导水平制度。

一是坚持民主集中制，不断完善发展党内民主的相关制度。民主集中制是民主基础上的集中和集中指导下的民主相结合，是党的根本组织原则，是党内政治生活正常开展的重要制度保障。民主是集中的基础和前提，集中是民主的归宿和目的。坚持民主集中制，既要求充分发扬民主，健全民主制度，保障党章规定的党的各级组织和党员的民主权利，使各级党组织和广大党员朝气蓬勃，并有效地监督党的干部特别是领导干部，又要求在充分发扬民主的基础上实行正确的集中，使全党在思想上政治上保持统一，在行动上做到步调一致。要在坚持民主集中制的基础上，积极发展党内民主，完善党代表大会制度和党内选举制度，落实党代表大会代表任期制，完善党内民主决策机制，建立职责清单制度，健全党内情况通报、情况反映制度等，充分保障党员的主体地位和民主权利。

二是健全决策机制，确保科学民主依法决策。要注意加强重大决策的调查研究、科学论证和风险评估，进一步健全决策的各项有效机制。坚持先调研后决策的重要决策调研论证制度，做到不调研不决策、先调研后决策；坚持领导、专家、群众相结合的决策机制，完善群众参与、决策论证等具体制度，通过听证会、论证会等形式广泛听取群众意见，组织各方面专家、借助相关智库机构，开展科学的决策论证和评估；坚持决策风险评估机制，做到“应评尽评、综合评估、风险可控”，从源头上预防决策的失误和可能的矛盾和纠纷的发生。要落实党委会（党组）议事规则和决策程序，健全常委会向全委会定期报告并接受监督制度，探索建立上级党组织在作出同下级组织有关重要决策前征求下级组织意见的制度，坚决反对和防止独断专行或各自为政。要完善决策督查和反馈机制，加强对决策执行环节的跟踪检查，做到及时调整、坚决纠偏。要完善重大决策终身责任追究制度，对决策严重失误或依法应该及时作出决策但久拖不决造成重大损失、恶劣影响行为，不论事发时责任人是否调离转岗、提拔或者退休，都要严格进行追究问责。

三是完善党的领导体制，切实增强各级党组织政治功能和组织力。进一步健全完善地方党委、党组和党的工作机关实行党的领导的体制机制，理顺党组织同其他组织的关系，强化党组织在同级组织中的领导地位；建立健全国有企业党委（党组）和农村、事业单位、街道社区等的基层党组织发挥领导作用的制度机制，强化基层党组织战斗堡垒作用的发挥。进一步完善强化各级党组织政治属性和政治功能的制度，坚决纠正党的领导弱化、党的建设缺失、全面从严治党不力等问题；完善打基础、补短板、强弱项的有关制度机制，持续整顿软弱涣散基层党组织，优化组织设置和活动方式创新，坚决纠正一些基层党组织弱化、虚化、边缘化的问题；坚持和完善“三会一课”、民主评议党员、主题党日等基本制度，推进基层党支部标准化规范化建设；完善党员教育管理监督制度，改进工作方式方法，加强对普通党员的关怀力度和对困难党员的帮扶力度，有效提升党员队伍建设质量。

六、完善全面从严治党制度

治国必先治党，治党务必从严。全面从严治党是党自身的需求，也是人民的期望。全面从严治党，制度治党是关键。正如2014年1月14日，习近平总书记在十八届中央纪委三次全会上指出的：“把权力关进制度的笼子里，首先要建好笼子。笼子太松了，或者笼子很好但门没关住，进出自由，那是起不了什么作用的。”要坚持用完善的制度，不断推动全面从严治党向纵深发展。

（一）治国必先治党，治党务必从严

办好中国的事情，关键在党，关键在坚持党要管党、全面从严治

党。为什么强调要全面从严治党？习近平总书记指出：“我们这么大一个政党，靠什么来管好自己的队伍？靠什么来战胜风险挑战？除了正确理论和路线方针政策外，必须靠严明规范和纪律。我们提出那么多要求，要多管齐下、标本兼治来落实，光靠觉悟不够，必须有刚性约束、强制推动，这就是纪律。”①

党的十八大以来，以习近平同志为核心的党中央，带领全国人民勇于探索、勇于实践，在国内外形势正在发生深刻复杂变化的情况下，以巨大的政治勇气和强烈的责任担当，全面从严治党，推动党和国家事业发生历史性变革，中国特色社会主义进入新时代。在政治建设方面，强调要增强政治意识、大局意识、核心意识、看齐意识，始终坚持党的领导核心地位不动摇；在思想建设方面，强调马克思主义是共产党人的“真经”，党性教育是共产党员的“心学”；在组织建设方面，提出新时代党的组织路线，着力整顿软弱涣散基层党组织，确立“信念坚定、为民服务、勤政务实、敢于担当、清正廉洁”二十字好干部标准；在作风建设方面，强调抓常抓细抓长，坚决贯彻落实中央八项规定精神，着力解决“四风”问题；在纪律建设方面，强调守纪律、讲规矩，“人不以规矩则废。党不以规矩则乱”；在制度建设和反腐败方面，强调要把制度建设贯穿党的建设各方面，深入推进反腐败斗争，不断提高党的建设质量，把党建设成为始终走在时代前列、人民衷心拥护、勇于自我革命、经得起各种风浪考验、朝气蓬勃的马克思主义执政党。

当前，国内外形势正在发生深刻复杂变化，我国发展仍处于重要战略机遇期，前景十分光明，挑战也十分严峻。全党要清醒认识到，我们党面临的执政环境是复杂的，影响党的先进性、弱化党的纯洁性的因素也是复杂的，党内存在的思想不纯、组织不纯、作风不纯等突出问题尚未得到根本解决。要深刻认识党面临的执政考验、改革开放

① 中共中央纪律检查委员会、中共中央文献研究室编：《习近平关于严明党的纪律和规矩论述摘编》，中央文献出版社、中国方正出版社 2016 年版，第 5 页。

考验、市场经济考验、外部环境考验的长期性和复杂性，深刻认识党面临的精神懈怠危险、能力不足危险、脱离群众危险、消极腐败危险的尖锐性和严峻性，坚持问题导向，保持战略定力，推动全面从严治党向纵深发展。

2019 年 1 月 11 日，在十九届中央纪委三次全会上，习近平总书记深刻总结改革开放 40 年来坚持党的领导、从严管党治党的宝贵经验，指出必须坚决维护党中央权威和集中统一领导，确保全党步调一致、行动统一；必须坚持治国必先治党、治党务必从严，确保党成为中国特色社会主义事业的中流砥柱；必须坚持以人民为中心，确保立党为公、执政为民；必须坚持改革创新、艰苦奋斗作风，确保党始终走在时代前列；必须坚决同消极腐败现象作斗争，确保党永葆清正廉洁的政治本色。这“五个必须”的科学总结，将我们党对全面从严治党的规律性认识提升到全新高度，为我们在新时代继续推进全面从严治党、继续推进党风廉政建设和反腐败斗争提供了重要遵循。全面从严治党，要靠全党、管全党、治全党，进而把党建设成为中国特色社会主义事业的坚强领导核心。“全面”是从严治党的基础。党的建设是一项系统工程，因而推进党的建设基础在全面。要面向全体党员、党的各级组织，覆盖党的建设各个领域、各个方面、各个部门。“从严”，就是对党员干部严格管理、对腐败分子严肃查处，强调的是党的建设制度的严密性和科学性。“治党”，就是各级党组织都要肩负起主体责任，切实推进全面从严治党的各项工作，把党锻造成为中国特色社会主义事业的坚强领导核心。各级党组织都要坚持党要管党、全面从严治党，认真贯彻执行党章和党内各项制度规定，努力提高党内政治生活的原则性和战斗性。

（二）全面从严治党，必加强制度体系建设

全面从严治党是一个系统工程，需要建立完善覆盖党的建设方

方面面的制度体系。全方位扎紧制度笼子，更多用制度治党、管权、治吏。要从实际出发不断完善制度，加强制度体系建设。加强全面从严治党制度建设，既要注意体现党章的基本原则和精神，符合国家的法律法规，也要同其他方面法规制度相衔接，提升法规制度的整体效应。

首先，全方位健全完善党的各方面建设体制机制。在贯彻落实新时代党的建设总要求的基础上，进一步巩固和深化党的十八大以来取得的管党治党制度成果，全面完善党的政治建设制度机制、思想建设制度机制、组织建设制度机制、作风建设制度机制、纪律建设制度体制和反腐败斗争制度机制，注重提高制度质量，构建起全面从严治党制度体系的“四梁八柱”。全面贯彻以党的政治建设为统领的要求，把党的政治建设各项要求贯彻到党的其他建设的各项具体制度当中。

其次，着力强化制度执行，扎紧制度的笼子。制度的生命力在于执行。要让制度发力、生威，关键就是要毫无保留地予以执行。再好的制度如果在执行中失之于软、失之于宽，就必然会失去效力。如果制度执行不认真、不较真、不动真，处处虚以应付、事事马马虎虎，不仅会使制度沦为“稻草人”“纸老虎”，还会动摇执政根基、丧失制度自信、凉了党心民心。制度的笼子建起来了，但“牛栏关猫”不行，“笼子不上锁”“钥匙本人拿”也不行，关键在于把制度的笼子扎细、扎密、扎牢，真抓、严管，不留“暗门”、不开“天窗”。

最后，加强监督体系建设，健全权力运行制约和监督机制。要充分发挥党内监督作用，对各种权力实施有效监督，保证党的各级机关和党员领导干部能够模范遵守党的章程和党内法规，忠实贯彻执行党的路线方针政策，不断实现好、维护好、发展好人民群众的根本利益；要发挥党外监督作用，防止“为官不为”“为官乱为”，遏制权力任性，将监督贯穿于权力行使的全过程，使权力在“聚光灯”下行使。健全全面从严治党责任制度，真正做到权责一致，监督用权、有责必问，问责必严，违法必究。始终从严监督执纪，对于一切违纪行为和不正之风，发现一起，坚决查处一起，绝不姑息。

后　记

2019 年 1 月 21 日，习近平总书记在省部级主要领导干部坚持底线思维着力防范化解重大风险专题研讨班开班式上就防范化解政治、意识形态、经济、科技、社会、外部环境、党的建设等领域重大风险作出深刻分析、提出明确要求。他强调，面对波谲云诡的国际形势、复杂敏感的周边环境、艰巨繁重的改革发展稳定任务，我们必须始终保持高度警惕，既要高度警惕“黑天鹅”事件，也要防范“灰犀牛”事件；既要有防范风险的先手，也要有应对和化解风险挑战的高招；既要打好防范和抵御风险的有准备之战，也要打好化险为夷、转危为机的战略主动战。在这里，习近平总书记提出了党的建设领域的重大风险。为深入学习习近平总书记关于党的建设领域风险的重要论述，使广大党员干部增强“四个意识”、坚定“四个自信”、做到“两个维护”，自觉在思想上政治上行动上同党中央保持高度一致，自觉维护党的团结统一，严守党的政治纪律和政治规矩，始终保持同人民的血肉联系，特组织中央党校（国家行政学院）、省级党校、军队院校的有关专家学者编写了本书。

本书由中央党校（国家行政学院）督学组督学、教授、博导洪向华，中央党校（国家行政学院）应急管理培训中心副主任刘钊、杨永斌担任主编。具体分工如下：前言，刘钊；后记，洪向华；第一章，董明发；第二章，彭劲松；第三章，孙家荣、王衡；第四章，刘盍松；第五章，杨昕。

由于时间仓促，能力有限，错误在所难免，有些内容也需要进一步完善。在写作的过程中，本书参考了大量的著作、论文，未能一一列举出来，一并对业内同行表示感谢。

中央党校（国家行政学院）应急管理培训中心有关负责同志和国家行政管理出版社的同志做了很多具体工作，给出了非常宝贵的建议。在此，对他们的辛勤劳动表示感谢。

洪向华

2020 年 9 月